A GUIDE TO CHINA'S FOREIGN AID PROJECTS
IN RURAL POVERTY REDUCTION

中国援外乡村减贫项目
操作指南

中国国际扶贫中心

企业管理出版社
ENTERPRISE MANAGEMENT PUBLISHING HOUSE

图书在版编目（CIP）数据

中国援外乡村减贫项目操作指南 / 中国国际扶贫中心著 .
—北京：企业管理出版社，2021.11

ISBN 978-7-5164-2495-7

Ⅰ . ①中… Ⅱ . ①中… Ⅲ . ①农村—扶贫—国际合作—中国—指南 Ⅳ . ① F323.8-62

中国版本图书馆 CIP 数据核字（2021）第 179743 号

书　　名：中国援外乡村减贫项目操作指南
作　　者：中国国际扶贫中心
责任编辑：尚元经　郑小希
书　　号：ISBN 978-7-5164-2495-7
出版发行：企业管理出版社
地　　址：北京市海淀区紫竹院南路17号　　　邮编：100048
网　　址：http：//www.emph.cn
电　　话：编辑部（010）68414643　发行部（010）68701816
电子信箱：qiguan1961@163.com
印　　刷：北京市密东印刷有限公司
经　　销：新华书店
规　　格：170毫米×240毫米　16开本　12.75印张　150千字
版　　次：2021年11月第1版　2021年11月第1次印刷
定　　价：68.00元

编写组人员名单

谭卫平　中国国际扶贫中心副主任
王海涛　北京海立信信息咨询有限公司总经理
卢立群　中国国际扶贫中心合作处处长
周　梁　中国国际扶贫中心合作处助理研究员
赵美艳　中国国际扶贫中心合作处主任科员
吕晓云　北京海立信信息咨询有限公司财务专家
童薇薇　北京海立信信息咨询有限公司项目经理
黄灿滨　广西壮族自治区扶贫开发办公室原总经济师
覃延学　广西壮族自治区扶贫开发办公室资金处原处长
范西宁　广西外资扶贫项目管理中心项目管理处原处长
汤闻博　广西外资扶贫项目管理中心交流培训处副处长
刘小林　四川省扶贫开发局项目中心五级职员
袁　刚　四川省扶贫开发局项目中心农艺师
姚　倩　云南省国际扶贫与发展中心副主任
李点斌　云南省国际扶贫与发展中心项目监测管理处处长
杨　漪　云南省国际扶贫与发展中心计财处处长
许雯莉　云南省国际扶贫与发展中心二级调研员
胡　岗　云南省国际扶贫与发展中心二级调研员
杨鹤松　云南省国际扶贫与发展中心三级调研员
尤官源　云南省国际扶贫与发展中心一级主任科员
蔡　心　云南省国际扶贫与发展中心一级主任科员

前　言

中国改革开放40多年，取得了令世界瞩目的脱贫成就。1978年至今，按照现行贫困标准计算，中国7.7亿农村贫困人口摆脱贫困，对全球减贫贡献率超过70%，成为世界上率先完成联合国千年发展目标的国家。2020年，中国实现了消除绝对贫困的历史性成就。中国的减贫经验，为广大发展中国家提供了现实的、可供借鉴的范本，得到了广大发展中国家的高度认可，许多国家希望学习借鉴中国的减贫经验，推动本国的减贫进程。

2014年11月，李克强总理在出席第17次东盟与中日韩（10+3）领导人会议时提出"东亚减贫合作倡议"，表示中方愿与东亚欠发达国家加强减贫合作，建立东亚减贫合作示范点，从而深化减贫区域合作，打造命运共同体。为落实李克强总理提出的"东亚减贫合作倡议"，中国政府从2017年7月至2021年3月，分别在老挝、柬埔寨、缅甸实施了东亚减贫示范合作技术援助项目。

该项目由国家乡村振兴局（原国务院扶贫办）牵头组织实施，中国国际扶贫中心会同有关单位和专家进行项目设计，并协助商务部国际经济合作事务局开展项目管理。广西外资扶贫项目管理中心、四川省扶贫开发局项目中心、云南省国际扶贫与发展中心具体实施项目。

东亚减贫示范合作技术援助项目是中国第一个村级援外减贫项目，援助总金额1亿元人民币，通过示范中国以政府主导、群众参与为基础的"整村推进"和精准扶贫模式，因地制宜，因贫施策，以项目社区存在问题和发展需求为导向，开展社区减贫活动，改善社区生产生活条件，增强社区自我发展能力，构建社区尤其是贫困户多样化的增收途径，为东亚国家的减贫、改善民生提供示范。

项目实施几年以来，在三个国家项目区取得了丰硕的成果，得到了中外各有关方面的充分肯定，产生了积极的示范效果。2020 年 11 月，李克强总理在出席第 23 次东盟与中日韩（10+3）领导人会议时提出，中方愿实施“东亚减贫合作倡议二期”项目，实现地区协调发展。

与我国传统的援外成套项目和物资项目相比，援外乡村减贫项目尚属新生事物，具有内容复杂、规模较小、实施难度较高的特点。因此，东亚减贫示范合作技术援助项目所探索出的实践经验，可为今后类似项目提供有益借鉴和参考。

此项目操作指南，是在遵循国家援外项目管理有关政策的基础上，结合东亚减贫示范合作技术援助项目实践经验编制的。因编者水平所限，难免存有不完备之处，欢迎读者提出宝贵意见，以帮助我们不断改进工作，为丰富和完善我国援外乡村减贫项目的管理机制作出贡献。

本书由中国国际扶贫中心和北京海立信信息咨询有限公司联合编写完成，东亚减贫示范合作技术援助项目的三个项目实施单位广西外资扶贫项目管理中心、四川省扶贫开发局项目中心、云南省国际扶贫与发展中心的相关管理人员也参与了本书的修订和完善工作，在此表示由衷的感谢！

中国国际扶贫中心

2021 年 8 月 31 日

目　录

第一章　援外项目概述

1.1 援外项目简介

自中华人民共和国成立至今，中国的对外援助事业伴随着共和国的成长与发展，走过了70多年的历程。中国援外在维护国家主权和安全利益，支持第三世界国家的民族解放事业，实现与世界各国之间的互利合作、共同发展，推动全球治理体系变革等方面发挥了重要作用。

纵观中国对外援助的发展历程，大致可以分为三个阶段。第一阶段：建国初期，重点支持第三世界国家独立自强；第二阶段：改革开放以来，坚持互利共赢，促进共同发展；第三阶段：十八大以来，在正确义利观指导下，大力推动与其他发展中国家共同构建人类命运共同体。经过70年的发展历程，中国对外援助取得了举世瞩目的成就。2019年9月，国务院新闻办公室发布《新时代的中国与世界》白皮书，向全世界宣告中国对外援助70年在促进全球共同发展方面的历史性成就：中国“共向166个国家和国际组织提供近4000亿元人民币援助，派遣60多万名援助人员，700多人为他国发展献出宝贵生命；先后7次宣布无条件免除重债穷国和最不发达国家对华到期政府无息贷款债务；积极向亚洲、非洲、拉丁美洲和加勒比地区、大洋洲的69个国家提供医疗援助；先后为120多个发展中国家落实联合国千年发展目标提供帮助”。

中国对外援助资金主要包括无偿援助、无息贷款和优惠贷款三种类型。其中，无偿援助主要用于受援方在减贫、民生、社会福利、公共服务以及人道主义等方面的援助需求。无息贷款主要用于受援方在公共基础设施和工农业生产等方面的援助需求。优惠贷款主要用于支持受援方有经济效益的生产型项目、资源能源开发项目、较大规模的基础设施建设，提供大宗机电产品和成套设备。

援外项目主要包括以下类型。

①成套项目，即通过组织或指导施工、安装和试生产全过程或其中部分阶段，向受援方提供生产生活、公共服务等成套设备和工程设施，并提供建成长效质量保证和配套技术服务的项目。

②物资项目，即向受援方提供一般生产生活物资、技术性产品或单项设备，并承担必要配套技术服务的项目。

③技术援助项目，即综合采用选派专家、技术工人或提供设备等手段帮助受援方实现某一特定技术目标的项目。

④人力资源开发合作项目，即为受援方人员提供各种形式的学历学位教育、研修培训、人员交流、高级专家服务，以及选派志愿人员到受援方从事公益性服务等项目。

1.2　援外机构

根据国家国际发展合作署（以下简称国际发展合作署）在 2020 年 10 月 29 日颁布的《对外技术援助项目管理办法（征求意见稿）》的规定，中国对外技术援助项目主要涉及以下机构。

国际发展合作署。负责技术援助项目立项，根据现行部门分工统筹安排援外执行部门组织实施项目，并负责对项目实施情况进行监督和评估。

商务部。商务部作为援外执行部门，负责依据立项批准内容组织实施技术援助项目，对项目的安全、质量、进度、投资控制等负责。具体可委托有关机构组织实施管理。

驻外使领馆(团)。驻受援国使领馆协助办理与技术援助项目有关的政府间事务，负责技术援助项目实施的境外监督管理。在项目可行性研究、项目实施、项目完工验收和移交等各个阶段，技术援助专家组均需要在驻外使馆经商处的领导下开展工作。

技术援助项目实施单位。技术援助项目实施单位由商务部根据援外项目采购规定选定，对所承担的技术援助项目任务实行企业承包责任制。

1.3 援外乡村减贫项目及其特征

援外乡村减贫项目，是指在乡村一级实施的，以促进中国与受援国之间的减贫合作交流，减少贫困和改善民生为目标的援外项目。按照中国援外项目的分类，援外乡村减贫项目一般属于对外技术援助项目。

与我国传统的援外成套项目相比，援外乡村减贫项目建设内容涉及改善民生的生计项目、乡村小型基础设施建设、技术培训和指导等，项目内容复杂、建设规模较小，因此项目管理难度大，实施成本较高。此外，由于项目支持对象一般都是受援国乡村的普通农民，组织和管理工作量非常大，项目实施过程中的不可预见因素也较多。例如东亚减贫示范合作技术援助项目(以下简称“东亚减贫项目”)，其建设内容包括了技术援助、生计改善项目(种植、养殖、加工、技能培训等)、附带工程(村级道路、学校、卫生室、灌溉和供水设施等)、附带物资等，单项工程规模都非常小，但组织协调工作量大，对项目管理工作提出了很高的要求。

1.4　项目周期

对外技术援助项目的项目周期包括项目立项、项目实施企业和技术方案采购、签署对外实施协议、项目实施、检查验收、移交等环节。

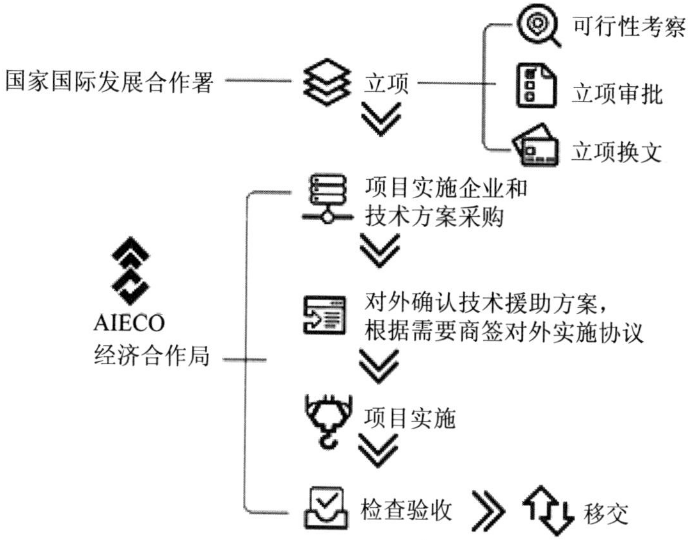

图 1-1　对外技术援助项目的项目周期

项目立项。由中国的政府行业主管部门或者受援国首先提出项目概念，然后由国际发展合作署据此委托相关单位开展可行性研究工作，编写项目可行性研究报告和立项建议书，办理立项，确定实施的援外项目内容。

项目实施企业和技术方案采购。在项目立项之后，将由商务部根据援外项目采购规定选定技术援助项目实施单位。采购方式包括公开招标、竞争性磋商或单一来源采购三种。参与投标的企业或单位将根据招标文件要求和项目可研报告内容，编写技术援助方案。

签署对外实施协议。在完成项目实施单位的采购之后，中方项目实施单位需要尽快与受援方就项目的技术援助方案进行确认。在经过双方确认的技术援助方案的基础上，商务部将负责与受援方指定机构签订项目实施协议。

项目实施。在签订项目实施协议之后，项目将进入实施阶段，由通过采购选择的技术援助项目实施单位作为总承包单位负责项目实施。

检查验收。在项目完工之前，商务部将派遣验收小组，以政府间协议、对外实施协议、实施合同、技术援助方案等为主要依据，对项目的人力资源开发、智力支持、技术服务和转让、管理工作的实物工作量、智力成果和援助项目进行综合评估，对项目实施单位的履约情况和专家服务情况进行确认，对附带物资设备和工程服务进行核验和验收，最终对技术援助目标的实现做出合格或不合格的验收结论。

移交。项目完成竣工验收之后，中方将及时通过外交渠道与受援方办理政府间移交手续，将工程、物资移交给受援国，并与受援方签署交接证书。

第二章　项目准备

2.1 项目概念的提出

中国援外项目概念的提出一般有两种方式，一种是由中国的政府行业主管部门主动提出项目概念，比如，在非洲建立30个农业技术示范中心援助项目是由农业部首先提出项目建议并报外交部，由国家领导人在中非合作论坛上对外宣布的援非举措；另外一种是由受援国提出援助需求，通常是国家领导人出访时对方领导人提出的请求，或是通过我驻外使馆转达对方的援助需求。国际发展合作署根据不同途径提出的项目概念和建议，委托相关技术单位对拟立项项目进行调研，并编写可行性研究报告。

2.2 项目可行性研究

项目可行性研究报告是援外乡村减贫项目实施的重要基础和依据，需要对受援国的基本情况、贫困状况、项目区的选择、项目目标和建设方案、项目投资估算和资金筹措方案、项目的管理模式和中外双方的分工等进行详细的描述。

由于援外乡村减贫项目的立项建议书、技术援助方案、对外实施合同等重要文件均需要在可研报告的基础上进行编写和完善，因此可研报告应该尽量准确、翔实，项目建设方案的设计应建立在对受援国项目区充分调研的基础上，并和受援国当地的主管机构、项目区受益人群进行深入的沟通和交流，符合当地的实际情况和需求，具有可操作性。可研报告项目建设方案的合理性和准确程度，也将为减少项目实施期的变更，保证项目顺利推进打下良好的基础。

在开展项目可行性研究现场调研时，中方技术团队在抵达受援国的第一时间应尽快向驻外使馆经商处报到，介绍可行性研究工作的计划安排，听取经商处的意见建议。

另外，在进行现场调研时还尤其需要注意以下几方面问题。

（1）组建涵盖各方面专业的专家团队

由于受援国一般技术能力较弱、基础资料缺乏，技术单位在开展可行性研究工作时，要组建涵盖各方面专业的专家队伍，保证可研工作的顺利进行。对于援外乡村减贫项目来说，由于建设内容繁杂、涉及面广，专家团队应包括项目管理、农业、水利、土建工程、减贫和社区发展、财务经济、气候、土壤等专业方面的人员。

（2）现场调研需要配备熟悉受援国语言和中文的翻译人员

中国援外项目的正式文件一般采用英文作为工作语言，受援国部委一级的政府部门一般也有一些熟悉英文的官员，但由于援外乡村减贫项目需要赴当地农村开展大量的访谈和调研工作，在县级部门和农村一般都是以当地语言为主，因此技术团队在进行现场调研时一定要配备熟悉受援国当地语言和中文的翻译人员，方便和基层人员的沟通，提高工作效率。

例如在缅甸项目中云南省国际扶贫与发展中心专家团队在第一次赴缅甸进行项目可行性研究调研时，刚开始由于没有配备缅甸语—中文的翻译，在和项目县、项目村人员进行沟通时需要两个翻译人员经过中文—英语—缅语往复，不仅沟通效率低，也大大影响了翻译的准确性。在可行性研究第二次现场调研时，云南省国际扶贫与发展中心就专门配备了熟悉缅甸语言的工作人员赴受援国开展工作。

（3）为现场调研留出充足的时间

由于专家团队初到受援国，对当地情况比较陌生，在现场调研中很可能会出现意想不到的情况，延误调研工作的计划和安排。而援外乡村减贫项目需要花费大量的时间进行基础设施建设、生计改善项目的调研，如果时间安排过于紧张，会影响专家团队的调研效果，可能会在较匆忙的情况下做出不成熟的设计或决定，给项目后期的实施留下隐患。因此技术团队应留出较充分的现场调查时间。在回到国内进行可研报告编制的过程中，如果发现有遗留问题需要核实，也可以安排必要的补充调研，来保证可行性研究工作的准确性和合理性。

如缅甸项目在开展可行性研究调研时，缅甸国家规定外籍人员不能在村庄留宿，中方专家需要每天往返县城和项目村；另外由于当地没有村庄示意图，需要中方专家骑摩托车拿着 GPS 亲自测量绘制。这些问题都耗费了大量非专业工作时间。柬埔寨项目在进行第二次可行性研究现场调研时，发现第一次调研时初选的其中一个项目村由于当地政府协调不利，村干部对本项目不配合，调研工作无法继续实施，不得已更换了一个项目村，对可研工作造成了一定的延误。

整个东亚减贫项目可行性研究工作现场调研共耗时约 4 周，分两阶段开展。可研专家组的人员专业涵盖项目管理、减贫和社区发展、财务经济、基础设施、水利农业、公共服务、机构发展和能力建设、翻译。在调研期间，各个调研组均首先拜会了我国驻当地大使馆经商参处，报告调研计划，了解受援国基本情况。其后，调研组与受援国中央政府、地方相关机构进行多次讨论座谈，了解受援方需求，搜集信息。各项目组拜访的单位包括当地减贫、卫生、农业、交通等部门，当地农林院校，国际组织，以及中资企业等。可研工作的重点是进村入户，在当地干部的协助支持下，召开村民大会，采用参与式方法获得村民项目需求，形成初步项目清单，同时确定项目社区选点。每个项目村参与式调研工作约在 3 日左右。初步项目清单还需与受援国合作部门进行反馈、讨论，对接其本国的发展规划，确定适宜的建设方式。

图 2-1　2015 年 7 月，东亚减贫项目在开展可行性研究时组织村民进行参与式调查

可研报告模板如下表所示。

可行性研究报告参考模板

第一章　项目概述

1.1　项目名称

1.2　援助国及主管部门 / 执行机构

1.3　受援国及主管部门 / 执行机构

1.4　项目赠款金额

1.5　项目区位置 / 实施地点

1.6　项目实施 / 执行期

1.7　项目目标

1.8　项目内容 / 产出

第二章　项目背景

2.1　项目援助背景

2.2　受援国的国家发展战略和政策

2.3 受援国的贫困问题

第三章 受援国、项目区概况及社区选择

3.1 受援国概况

3.1.1 地理位置、人口及行政区划

3.1.2 自然环境和资源概况

3.1.3 经济发展

3.1.4 基础设施及公共服务

3.1.5 人文与社会环境(宗教、文化、风俗)

3.1.6 外交及利用外资主要政策

3.2 项目区概况

3.2.1 项目区地理位置及分布(文字叙述+分布图)

3.2.2 自然状况

(包括简要的地貌、土壤、气候、水资源条件、土地利用和水资源管理使用情况,重点是和项目实施相关的自然资源以及利用状况)

3.2.3 经济发展状况

(农业和农村为重点)

3.2.4 社会发展状况

(人口、劳动力、文化教育、宗教)

3.2.5 基础设施及公共服务

(农业科技研究、农业技术推广)

3.3 项目示范区选择

3.3.1 选择标准

3.3.2 示范区选择

3.4 项目示范区概况

3.4.1 自然禀赋

(地理位置、地貌、土壤、气候、水资源及管理情况、土地利用等)

3.4.2 人口情况

[人口(分性别)、劳动力数量、年龄结构、文化水平]

3.4.3 经济发展状况

(产业结构、农畜产种类、居民生计状况、人均收入、户均收入、贫困状况等)

3.4.4 基础设施条件和公共服务

(道路、电力、通讯、能源、饮水、灌溉、居住条件、医疗、教育等)

3.4.5 基层组织情况

(县、乡、村行政管理组织和其他组织)

3.4.6 以往外部投资及项目情况

3.4.7 示范区发展需求

(参与式需求分析结果、不同群体对项目的优先选择、最终形成的项目优先排序)

第四章 项目建设方案

4.1 项目目标

4.2 建设内容和规模

4.3 项目技术标准和单位投资概算

4.3.1 各项目内容的技术标准

(分项目活动描述技术标准,并说明标准来源)

4.3.2 单位投资概算

第五章 总投资和资金筹措方案

5.1 总投资和分项目投资

5.2 资金来源

5.3 资金分年安排计划

第六章 项目效益分析

6.1 财务效益

6.2 扶贫效益

6.3 环境效益

6.4 社会效益

第七章 项目实施管理

7.1 项目合作实施机制安排

（两国双方工作机制安排和各自分工）

7.2 项目实施和检查

7.2.1 社区参与和投诉机制

7.2.2 项目年度计划和调整

7.2.3 项目实施方式与管理

7.2.4 项目检查和验收

7.3 项目监测评价

7.4 项目后续维护管理机制

7.4.1 机构安排

7.4.2 资金安排

7.5 采购安排

7.5.1 采购计划

7.5.2 采购类别及程序

7.6 财务管理

第八章 相关专题分析

8.1 环境影响评价

8.2 社会影响评价

8.3 风险分析

8.3.1 风险因素的识别及分类

8.3.2 风险程度分析

8.3.3 风险防范与降低风险措施

第九章 结论与建议

9.1 可行性研究结论

9.2 对后续工作的建议

2.3　项目立项建议书

项目立项建议书是项目准备阶段国际发展合作署进行项目审批的重要文件。立项建议书将在可研报告的基础上进行编制，对项目立项的意义、依据及可行性进行阐述。

项目立项建议书参考模板

第一章　项目背景情况

第二章　项目可行性研究结论

2.1　项目建设的必要性

2.2　项目建设的可行性

2.3　风险的防范与应对

第三章　项目立项建议与总体援助方案

3.1　项目立项建议

3.2　总体援助方案

第四章　主要建设条件

4.1　中外双方分工

4.2　项目区基本情况

4.3　建设材料供应情况

4.4　当地建设标准、建筑风格、常规做法和造价水平

4.5　其他特殊条件

第五章　立项规模与技术标准

5.1　建设内容和规模

5.2　建设标准

5.3　技术规范选用

5.4 长效技术合作建议

第六章 项目投资估算

6.1 投资估算编制

6.2 分类表估算

6.3 资金来源

第七章 项目效益分析

7.1 政治效益

7.2 经济效益

7.3 社会效益

第八章 项目监测与评价

第九章 长效宣传方案建议

9.1 受益项目区内宣传

9.2 受援国国内宣传

9.3 中国国内宣传

9.4 国际宣传

第十章 结论与建议

10.1 主要结论

10.2 对后续工作的有关建议

2.4 项目实施单位的选择

项目在经过可行性研究报告和立项建议书审批，并商签政府间协议后，完成立项。

商务部作为援外执行部门，在完成立项后，根据援外项目采购规定选定技术援助项目实施单位。采购方式包括公开招标、竞争性磋商或单一来源采购三种。项目实施单位的采购以技术援助方案的技术可靠性、方案成熟度和经济合理性作为主要选择标准，投标价款总额不能超过项目投资总额。

技术援助方案是指投标人根据技术援助项目可行性研究报告和立项建议书的要求，提出的要素整合方式、技术实现手段和标准，实现技术援助目标的规划、路径和程序等内容。其中，技术援助要素主要包括人力资源开发、智力支持、技术服务和转让、管理合作、提供物资设备和提供工程服务等不同类型。

投标人将根据招标文件的要求编制投标文件，投标文件一般由“商务文件”“技术文件”和“报价文件”三部分组成，其中技术文件的主要内容如下表所示。

技术援助扶贫项目竞争性磋商技术文件模板

第一章　总体方案

一、总体目标

二、要素整合方式

（简述项目组织方式）

三、技术实现手段和标准

四、项目规划

五、组织机构和职责

六、项目实施路径和程序

七、援外标识使用

第二章　专家派遣方案

一、专家派遣方式

二、资质要求

三、中国专家或技术人员情况

四、专家现场管理方案

第三章　培训方案

一、受援国培训

二、来华培训

第四章　基础设施建设和社区环境治理方案

一、工程设计

二、工程施工

三、工程移交

第五章　农村产业扶持方案

一、产业扶持方案

二、保障措施

第六章　附带物资选型和发运方案

一、附带物资选型

二、附带物资的质量保证

三、附带物资发运方案

四、附带物资的检验管理

五、附带物资管理

六、附带物资移交

第七章　项目管理与监测方案

一、项目财务管理

二、采购管理

三、项目监督管理

四、公告投诉

五、档案管理

六、后续维护

第八章　项目宣传方案

第九章　重点难点应对措施

一、重点难点分析

二、应对措施

对于技术援助项目内容较为复杂或有特殊安全性要求，所需主项技术资质为两项以上的，也可由投标单位组成联合体投标。联合体各方在项目中标后应当共同与援外执行部门签订项目实施合同，并承担连带法律责任。

东亚减贫项目采用竞争性磋商的形式进行招标和采购。经过竞争性磋商，东亚减贫项目由四川省扶贫开发局项目中心、广西外资扶贫项目管理中心和云南省国际扶贫与发展中心分别作为柬埔寨部分、老挝部分和缅甸部分的实施单位。

商务部向中标的技术援助项目实施单位下达实施任务通知函。项目实施单位将凭实施任务通知函办理技术援助人员出入境以及设备物资的检验通关。

2.5　项目实施合同

商务部通过招标程序选定项目实施单位后，和项目实施单位签订项目实施合同。项目实施合同是指商务部援外主管部门或商务部指定的援外项目管理机构依据有关政府间协议或对外实施合同的规定，以商务部名义与援外项目实施单位就援外项目的具体经济技术任务签订的合同。项目实施合同主要按照援外项目采购结果，规定商务部与援外项目实施企业在承担援外项目特定经济技术任务方面的分工职责、管理程序以及实施全过程的权利、义务。

根据《对外技术援助项目管理办法》的规定，项目实施单位对所承担的技术援助项目任务实行企业承包责任制，按照合同总价包干，自负盈亏。项目实施合同价款总额包括人民币价款和外汇价款两部分，外汇部分按照招标文件中规定的固定汇率进行计价，在实际结算时，实施单位放弃购汇的外汇部分，商务部国际经济合作事务局按照实时汇率兑换成人民币拨到项目实施单位。

项目实施单位不得将承包责任范围内的任务进行转包，也不得将承包责任范围内的关键性或主体性工作任务分包或分解成若干部分分包。项目实施单位将本单位技术资质不能覆盖的非关键性或非主体性任务分包给其他专业技术单位的，其分包内容、分包单位选择和分包金额应当在技术援助项目投标书中载明，作为中标条件审定并写入合同约定。分包方式一旦确定，不得变更。合规分包不排除技术援助项目实施单位承包责任范围内的任何义务。中国国际扶贫中心作为东亚减贫项目的协助管理单位，其主要任务在内部实施合同中予以明确。

按照对外技术援助项目的有关规定，东亚减贫项目实施合同中按以下类别对费用支出做出规定。

①技术援助人员费，包括援外人员待遇费用、现场雇佣人员费用、中国技术人员管理费和人员其他费用等。

中国派出援外专家和技术人员的待遇遵照中国财政部的有关援外出国人员待遇标准执行。当地劳工或专家和技术人员的工资和福利根据当地实际费用标准执行，应符合受援国有关法律法规的规定。

项目实施过程中可能发生的、援外人员待遇以外的与派遣组织现场人员有关的其他一切费用，包括但不限于国内工资、津贴、补贴、派遣动员费、保险费、国内外差旅费、签证费、人员管理费等，均作为人员其他费用进行核算。

②现场条件费，是指中国派遣的援外专家或技术人员在受援国当地所发生的住宿费（含房租、水、电、家具、电器等）、办公费（含房租、通讯、网络等）、交通费（含租车、燃油、保险等）、反恐措施费等，或者项目实施过程中可能发生的其他一切现场条件及管理费。

③培训费，是项目实施单位所组织的在受援国当地的培训或来华培训所发生的培训费、接待费、国际差旅费、培训资料费、毕业证书制作费、管理费及税费等相关支出，也包括组织项目研讨交流总结会所发生的费用支出。

邀请受援国相关人员来华培训发生的费用，相关标准应参照财政部《举办援外培训班费用开支标准和财务管理办法》（财行〔2008〕2号）的规定。

④附带物资，指项目实施单位发生的构成项目建设投资支出的各种设备的实际成本，包括车辆、办公设备和项目建设所需要的各种物资、设备和器具。

⑤附带工程费，是项目中建设建筑工程和安装工程所发生的工程直接费、临时设施费、勘察设计费、招标服务费、工程监理费和工程其他费用。

⑥宣传费，是指宣传推广中国减贫经验所发生的相关费用。

⑦项目管理和监测，包括中方项目实施单位的项目管理费、监测评价费、数据分析和整理费、中期调整和评估费、项目完工报告编制费等。

⑧艰苦地区补贴调整费，是指根据《财政部关于调整援外出国人员艰苦地区补贴标准的通知》（财行〔2016〕12号），所应调增的中国派出援助专家和技术人员的补贴费用，该部分费用将在履行完相关手续后办理结算。

2.6　签订项目实施协议

在完成项目实施单位的采购之后，中方项目实施单位需要尽快与受援方就项目的技术援助方案进行确认。项目实施协议中将细化规定中外双方的合作方式、管理程序和实施全过程的权利、义务等。在经过双方确认的技术援助方案的基础上，商务部将负责与受援方指定机构签订项目实施协议。

2.7　环境和社会影响评价

作为国际援助项目，项目实施对环境和社会的影响及评价非常重要，在项目准备阶段编写项目的环境和社会影响评价报告也是国际组织实施项目的惯例。对于中国援外乡村减贫项目中一些较大型项目，或者项目建设内容对环境和社会产生较明显影响的项目，需要编写独立的环境和社会影响评价报告，其主要作用和目的如下。

①对拟建项目的社会环境、生态环境、环境质量现状和工程建设过程中、运营后的影响和程度进行分析、预测和评价，进而从环境保护角度论证该项目建设的可行性和合理性。

②根据拟建项目对环境的影响程度，提出切实可行的环保措施及建议，反馈于工程设计与施工管理，最大限度地减少或减缓由于工程建设造成的对环境不利影响，达到项目建设与环境保护协调发展的目的。

③对该项目受益群体进行认定，保证贫困和弱势群体能够得到公平的发展机会。

④对该项目施工期、营运期的环境管理提出计划，并为当地农村的发展提供科学依据。

项目环境和社会影响评价报告参考模板

第一部分　总论

1. 项目基本情况介绍
2. 项目利益相关者和受影响人群
3. 环境和社会影响评价的目的

第二部分　项目区现状

1. 项目区目前环境质量状况

（项目区目前是否存在地表水和地下水水质、土壤、大气等污染状况）

2. 项目区目前社会环境状况

（简述示范项目村的宗教和社会信仰、民族、就业、人均收入、主要收入来源、特别贫困人口比例、受教育程度等情况）

3. 各利益相关者对项目的需求
4. 受援国当地环境管理制度

第三部分　项目环境影响评价

（根据规划的项目建设内容，分析在工程施工期和运行期内是否会对环境造成影响，可能造成的影响程度及减缓/减轻手段）

第四部分　项目社会影响评价

1. 项目对贫困人口的影响

（真正贫困人口是否能够得到公平的发展机会）

2. 项目对妇女的影响

3. 项目对当地宗教信仰的影响

第五部分　征地影响

1. 征地影响分类

（本项目是否需要征地，如果有，详述哪些工程项目涉及征地，并按以下类别描述受影响的地区、面积和人口）

①永久征地

②临时占地

③拆迁

2. 征地安置计划

（征地安置的补偿标准，补偿标准要求不低于当地重置价格，征地安置后的保障措施，补偿资金的来源及实施计划）

第六部分　公众参与与信息公开

1. 公众参与方式

2. 信息公开

3. 投诉机制

第七部分　环境管理措施

1. 实施机构及环境管理程序

2. 项目实施期环境管理措施

（根据本项目工程的性质，制定施工过程中的环境保护措施，并写入相

应工程的招标文件）

3. 项目完工后环境管理措施

4. 环境监测计划

第八部分　环境和社会影响评价主要结论

1. 项目的必要性和可行性

2. 环境影响评价结论

3. 社会影响评价结论

2.8　项目组织管理模式

根据国际发展合作署《对外技术援助项目管理办法》的规定，援外乡村减贫项目一般由中方负责组织实施。如受援方有组织实施意愿，中方也可结合项目实际情况与受援方商定，将项目交由受援方组织实施。

如果项目由受援方组织实施，需要在可行性研究阶段与受援方确认以下条件。

①受援方具备完备的招投标法律制度和管理体系。

②受援方具有独立组织实施的能力与经验，并愿意接受中方的外部监管。

③项目投资限额明确，中方和受援方的分工责任和费用承担划分清楚，风险可控。

援外乡村减贫项目不管由哪方负责组织实施，都需要受援国相关的部门和机构能够积极地参与到项目的实施和管理中，和中方专家合作开展农民的组织、培训和大量的协调工作。例如在东亚减贫项目中，虽然由中方的三个项目实施单位分别负责老挝、缅甸、柬埔寨三个国家的项目实施，但为了充分发挥受援国当地管理人员的积极性，在三个国家都成立了联合项目管理办公室。联合项目管理办公室的成员由中方常驻专家和受援国项目管理部门的相关工作人员共同组成，项目日常的管理工作在中方专家组的指导下，由双方管理人员共同实施完成。

受援国当地一般基础条件都较为落后，政府扶持力度有限，居民随遇而安思想较为普遍。基层组织引导农民减贫发展的意识和能力较低，农村组织化建设程度较为薄弱。并且中外双方存在语言沟通、民俗文化、思维习惯、工作方式和节奏等方面的差异。这些都会给项目推进带来困难。如何提高受援国政府对项目的主人翁意识和支持力度也是需要特别注意的问题。

为此，需要中方项目人员积极与受援国项目人员沟通，友好协商，加强培训，使受援国项目管理机构的人员能够积极参与到项目实施过程中，在坚持项目规范管理的基础上求同存异，提升受援国管理人员对项目的归属感。

2.9　项目管理手册

为了规范项目管理过程，项目实施单位在项目准备阶段还要针对项目特点编写《项目管理手册》，对项目的组织管理模式、机构职责、财务管理制度、采购管理制度、档案管理制度等进行规定，并与受援国项目管理机构充分沟通后确定，作为中外双方在项目实施过程中共同遵守的项目准则。在东亚减贫项目中，中国国际扶贫中心编制了《项目管理手册》作为项目的指导纲领，同时还针对项目管理中的一些具体问题，制订了《项目管理实施细则》，供三个国别项目在实施过程中参照执行。

2.10 项目准备阶段需要注意的主要问题

项目准备阶段的可研报告编写、项目设计、项目区选择等工作对保障项目顺利实施具有重要的意义。在项目准备阶段需要特别注意以下几方面问题：

（1）对受援国贫困状况进行深入调研和分析，制定适合受援国国情的减贫方案

中国改革开放以来经过40多年减贫工作的开展，积累了丰富的减贫脱贫经验，但这些减贫经验都是建立在中国的社会制度、国情基础上的，如果将中国减贫经验简单地复制到其他发展中国家，并不一定能够产生同样的效果，甚至可能会碰到一些意想不到的困难。特别是要考虑到，中国在经历了几十年的扶贫工作后，进入精准扶贫阶段，但在很多发展中国家，贫困还是大量存在的现象，如何通过示范帮助受援国项目区建立脱贫致富的有效模式是援外减贫工作的重点。因此在项目的可行性研究报告阶段，需要项目设计技术团队对受援国的社会制度、经济、贫困状况进行深入的调查研究，并对贫困原因和减贫的方法途经进行分析，在结合中国减贫经验的基础上制定出适合受援国国情的减贫方案，并在此基础上设计项目建设内容。

在老挝项目中，根据项目实施前基线调查的数据，两个项目村贫困户占全体村民的50%以上，贫困户和非贫困户家庭条件相差不大，只有三分之一的农户有土地，贫困户普遍缺乏耕地，农民文化程度低，发展条件和思想观念相对落后。这样的状况决定了项目需要借鉴中国在相应社会经济发展阶段的扶贫措施，并且要将中国减贫经验本土化。因此老挝项目中方专家通过深入调研走访，充分听取当地政府和居民的意见，采取了以居民现有产业为基础，通过建立农民合作组织，以富裕户、能人户带动贫困户，以点带面，贫困户优先的方法，提高产业培育成功率；同时辅以机构和能力建设，提升

村庄整体持续发展能力。

柬埔寨农发部副司长衡真田先生就柬埔寨项目曾提出：“减贫项目不仅要针对贫困家庭，同时也应扩大到那些低收入非贫困家庭。贫困户可能没有足够的想法来提高他们的生活水平，要改变他们的态度和知识，提高他们的技能可能需要很长时间。我们应该考虑到项目的影响和效果，我们可以为那些急需的人提供物质材料，软性技能应可以提供给中短期内愿意学习的人，包括贫困户和低收入非贫困户。如果把技能提供给那些没有强烈意愿的家庭，他们可能会半途而废。另外，只给贫困户提供帮扶工具，会对周边环境造成意想不到的负面影响。这种帮扶方式可能会让勤劳的非贫困户看到懒惰的人得到最多帮助而感到气馁。”

（2）项目区的选择需要有足够的代表性和一定的发展基础，能够起到较好的示范作用

中国开展援外减贫工作，重要的意义是向国际社会特别是发展中国家分享中国的扶贫经验，在受援国能够起到较好的示范和带动作用。因此选择项目区时要考虑项目区的贫困状况和贫困原因在当地是否具有代表性，同时项目区应具备以下要素。

一是具有一定的产业发展基础和条件，能够通过项目活动的开展较快产生减贫效果。

二是项目区居民对中国援助项目有较大的期望和积极性，特别是当地乡、村级负责人能够积极配合项目。

三是项目区交通条件便捷，方便以后相关培训、示范和推广活动的开展。

此外，援外乡村减贫项目要为我国外交总体战略和援外工作大局服务。项目区的选择要考虑如何结合外交重点，如一带一路沿线地区，以更好地合作共赢。

（3）设计和开展符合当地实际情况和发展需求的生计发展项目

“授人以鱼，不如授人以渔”。援外乡村减贫项目中生计示范项目的开

展具有非常重要的作用和意义，是分享中国开发式减贫经验的重要途径。道路、供水、卫生所、学校等基础设施建设也应该围绕利于实施生计项目的需求进行设计。因此可研报告阶段需要在和当地村民充分沟通、对项目村周边经济环境进行充分调研的基础上，为每个项目区设计有针对性的生计发展项目。生计项目都是要落实到户的，所以设计的项目内容必须务实，能够真正给村民带来实实在在的收入，并可以使村民长期从事此业，成为改善生活水平的手段。

例如，东亚减贫项目在项目村开展了多种多样的生计项目，其中老挝项目开展了养牛、养鸡、玉米种植、大棚蔬菜种植、露天蔬菜种植、传统手工织布、旅游民宿；柬埔寨项目开展了养牛示范、高温蘑菇种植、小米椒种植、庭院经济、小型加工业等；缅甸项目开展了养猪、养鸡、高产作物种植和推广、庭院经济等。这些生计项目的开展，都给当地农民带来了实际的经济收入，受到了项目村民的热烈欢迎。

（4）投资估算应充分考虑当地物价水平和外汇使用情况

援外乡村减贫项目建设内容大多具有规模小、细碎繁杂的特点，不适合由国内的建设单位直接进行建设，很多工程、设备都需要在当地通过招标进行采购。因此在进行项目投资费用估算时，很多建设内容需要参照当地的价格标准进行制定，并详细测算外币的使用额度，以便在建设期申请外汇。

（5）进行充分的项目风险分析

援外乡村减贫项目和一般的援外项目相比，由于建设内容比较繁杂，需要受援国当地部门和人员的高度参与，项目受影响的因素多，因此需要在项目准备阶段进行充分的风险分析，并制订相应的应对措施和风险应对机制。风险因素主要包括政治外交风险、业主责任风险、疫情风险、区域与人身安全风险，媒体舆情风险、技术方案变动风险、经营性风险和其他不可抗力风险等。

（6）关注与受援国自主建设项目有衔接的下游项目的可行性

为了利用好各方资源，保证项目能够充分发挥效益，在项目设计阶段应该关注与受援国自主建设项目有衔接的下游项目的可行性，进行充分研判。例如在老挝项目中，中方在项目可行性研究时了解到其中一个项目县桑通县已批准建设版索村自来水厂项目，由当地政府投资建设，可实现自来水通村（不入户）的目标。为充分发挥有限的援外乡村减贫项目资金效益，根据项目村居民意愿和桑通县政府、版索村委要求，中方可研报告中提出建设从通村主供水管引水入户的管道工程，包括从主供水管接水管入户以及每户安装1个水龙头和1个水表，解决自来水入户的“最后一公里”问题。饮水入户工程建成后，却因为桑通县政府在2018年建成的版索村自来水厂项目拖欠施工方工程款及水质不达标等问题，无法实现正常供水，严重影响项目成效和居民满意度。虽然广西方面不断与老方沟通，常驻人员积极推动、跟进老方进展，并通过大使馆经商处向老方政府加强协调，但老方仅提出在项目完工后实现供水的计划，项目效益未能如期发挥。

（7）尽量缩短项目实施协议签订前的准备期，以减少可研期与实施期基本环境变化带来的项目调整

由于援外乡村减贫项目的特殊性，很多建设内容季节性比较强。如种植业如果错过了合适的种植季节，可能就要来年才能实施；在一些地区，存在雨季旱季之分，施工在雨季受到制约。另外，农民从事产业项目的意愿很有可能随着周边社会经济环境、家庭条件的变化而发生改变。如果项目可研和项目启动间隔太久，很可能项目区的建设环境和农民需求已经发生了变化，需要对项目内容进行调整。

（8）充分利用以往援助成果，放大中国援外成效

多年来，中国在发展中国家开展了大量援助项目，也有很多中国企业和单位在这些国家投资实施项目。在实施中国援外乡村减贫项目时，可以尽量利用中国在受援国以往实施项目的成果，设计与此相关的项目活动，这样不仅可以放大中国援助成果，同时也提高了新项目的实施效率。例如在老挝项目中，项目实施单位利用中国专家在万象市塞塔尼县金花村实施大棚蔬菜种植项目的成功经验，在项目村发展大棚蔬菜种植，组织项目市、县、村等有

关人员到金花村考察大棚蔬菜种植项目，学习种植经验，并邀请中国－老挝农作物优良品种试验站的技术人员对村民进行蔬菜种植技术的培训和指导。这些交流活动使项目村的大棚蔬菜种植产业迅速发挥了效益，给当地村民带来了非常高的经济效益。

（9）和受援国友好协商，解决工程技术标准分歧的问题

在受援国实施项目，特别是一些附带工程项目，难免会出现中方技术标准和受援国技术标准不一致的情况。中国援外的成套项目由于一般都是由中方企业自主实施，这个问题并不突出；但是对于援外乡村减贫项目来说，由于附带工程都是一些小型工程，对中方企业吸引力不大，很多都需要委托在受援国当地的企业进行实施，这个问题就尤显突出。建议在可研阶段，就与受援国做好协商沟通，双方就项目技术标准达成一致，并在协议中予以明确。

例如在缅甸项目中，中国工程设计中都是采用公制单位，而缅甸采用英制单位，双方对附带工程的设计标准、设计规范等都存在较大分歧。如果按照中方标准进行设计，则意味着所有附带工程只能从中国国内进行招投标，或者只能由在缅甸的中资企业投标，缅方企业将丧失参与投标的机会，缅方有很大抵触情绪。就此问题双方经过多次协商，最终中方考虑到此项目的附带工程都是乡村内的小型基础设施建设项目，建设难度不高，且通过考察发现缅甸农村发展司自身也具有较强的工程类设计、建设、审核能力，最终由农村发展司承担村内所有土建工程的设计任务，协调交通部河流管理司承担敏彬村河堤项目的设计任务，云南省国际扶贫与发展中心委托云南建设投资集团公司承担设计方案审查及施工监理工作，确保了附带工程的顺利实施。

（10）重视项目用地问题

项目实施中，不仅公共基础设施建设涉及用地占地问题，开展生计发展项目也必须要解决土地问题。在很多国家，由于土地私有化，无法取得土地使用权往往会成为制约项目实施的关键问题。建议可以在项目准备阶段要求受援国政府作出承诺，解决项目用地问题。

例如在柬埔寨项目中，饮水工程的水井和水厂选址就因土地产权问题受到限制。经前期勘察后选定的三处试打井地点分别位于学校、寺庙和乡政府院内。由于学校和寺庙的用地难以协调，此两处选点尽管也能作为优质水井，但必须予以舍弃。

同样是柬埔寨项目，贫困的村民因贫出卖土地获取短期利益，导致这些村民无地可种。根据项目在2018年开展的调查，项目村中113家贫困户，无土地户占比高达77%。这些土地被一些大户购买进行土地交易。条件稍好的农户要种地，就要提前半年或者一年反租，或者到大户家做雇工获取收入；条件稍差的和贫困户除了在村内或村外打短工维持生计外，无事可做，就出现了“越穷的人越闲，越富的人越忙”现象。因此，如何发展产业，增加贫困群体收入，土地问题已成为柬埔寨减贫工作中面临的最大的挑战性难题。

（11）重视与驻外使馆经商处的密切沟通

可行性研究团队初次来到受援国开展工作，会遇到各种各样预想不到的实际问题，在调研过程中随时与驻外使馆经商处保持密切的沟通非常重要。经商处最了解受援国当地的实际需求和经济社会情况。可行性研究团队到受援国后要首先向经商处汇报工作目的和具体安排，认真听取其意见和建议；在调研过程中遇到一些关键的具体问题，也可以及时和经商处进行沟通，寻求经商处的支持和帮助。

第三章　项目实施管理

项目各项协议签署完成后，项目实施单位将按照政府间协议、对外实施协议及项目内部实施合同的规定，按照技术援助方案在规定期限内实施和完成项目，并在承包责任范围内承担全部的经济、技术和法律责任。

3.1 项目启动阶段

项目实施单位常驻专家组的派出，是项目进入实施阶段的标志。在常驻专家组人员派出前，需要向管理单位提交人员派遣计划。人员派遣计划应注意常驻专家组人员配备和分工。一般需要安排的主要职责岗位包括采购、财务、宣传、翻译等。

项目实施单位常驻专家组到达受援国后，需尽快开展以下工作。

①向中国驻受援国大使馆和经商处报到。在项目实施阶段，技术援助专家组在国外工作期间，受驻外使馆经商处的领导。专家组应经常、及时与经参处保持沟通，报告项目的进展情况，尤其是项目的涉外问题须首先报请驻外使馆经商处审核后，方可对外。项目下固定资产清单需要抄报驻外使馆经商处备案。在实施过程中如有变更，有关申请须经驻外使馆经商处签署意见。

②在受援国项目管理部门的协助下，尽快落实常驻专家的住处和办公场所，在有些国家还需要办理外籍工作居住证。

③设立银行账户。专家派驻后需尽快选择有一定规模的银行设立项目银行专户。可尽量选择中资银行或当地较有影响力的商业银行。银行账户一般开设为美元账户，有些银行也可同时开设当地币种账户和人民币账户，部分

国家无法开设人民币账户。例如老挝项目在中国工商银行驻老挝分行开设了人民币账户；柬埔寨项目先后开设了美元和人民币账户；缅甸项目根据缅方规定，开具了美元和缅币账户。杜绝开设私人账户进行公用。个别受援国的银行无法提供银行对账单，需要在开户时确认此情况，要求银行必须每月提供银行对账单。

④根据受援国的实际情况和实施项目的需要，可以在项目启动阶段组织国家级或村级的项目启动仪式，一方面可以充分调动受援国参与人员的积极性，另一方面也可以扩大项目的影响力。

⑤在援外项目管理要求的基础上，通过和受援国项目管理部门协商，制定适应受援国项目实际情况的项目管理制度和规定。例如，老挝项目制定了《项目实施手册》《联合项目管理办公室财务管理办法》《生计发展项目管理办法》《项目村基础设施后续管理办法》等制度和规定，并都翻译成老挝文字，供中外双方项目管理人员遵守执行。

⑥注重和受援国项目官员、项目村村民的密切交流。中方常驻专家来到陌生的国度，需要和受援国的官员密切合作、建立友谊，这是项目成功的关键；同时要积极走访项目村村民，调查项目村基本情况，了解村民需求，宣传项目，和村民建立互相信任关系，消除村民的顾虑，赢得村民和村干部对项目的支持。这些都非常有助于尽快打开局面，开展工作。在与当地人员交往中要注意尊重当地的风俗习惯，友好往来。

例如在柬埔寨项目中，柬埔寨斯瓦安普村副村长胡安先生在接受第三方监测评价机构采访时说道："起初，一些村民看到几批不同的中国人来到村子里，不知道他们有什么目的，感到害怕。但通过多次的交流，人们已经开始意识到，这些人是带着善意来的，并不像一些负面人士试图夸大的那样，让一些村民感到害怕。我觉得中国人提供的援助是令人满意的。"

在老挝项目中，项目实施之初，在双方如何有效合作方面有诸多不顺和矛盾。一是老方处于被动心态，中方专家怎么说他们怎么做，不理解的问题不敢问，不会做的事不敢说，工作主动性不够，对中方专家的依赖性很强；

二是有观望试探的思想，怀疑中方派遣专家的必要性。出现这些情况在于项目宣传不到位，以致老方对项目的认识不到位。针对这些问题，中方实施单位制定了一系列应对措施：一是利用开会、培训、下乡、小范围聚会等多种形式和场合，不断进行宣传，说明项目做法和意义；二是常驻专家主动向老方项目执行机构领导汇报、通报工作和征求工作意见；三是在工作之余适当与老方人员开展交流活动，进一步促进双方形成友好合作伙伴关系；四是不摆架子，不做样子，平易近人，以身作则，带动老方逐渐适应中方工作节奏。后来随着项目的深入实施，老方人员对中方专家的认可度越来越高，双方管理人员建立起了亲密的工作关系，齐心协力实施项目，项目也得到了老方各级主管部门的高度赞扬。

3.2 项目实施计划

在项目实施阶段，项目实施单位应该在和受援国充分协商，并对现场实际情况进行充分调研的基础上，制定项目的实施计划。项目实施计划应该首先对所有项目活动的时间进度有一个统一的安排，然后针对下一年度制定详细的年度计划。制定项目实施计划是项目管理中非常重要的环节，是保证项目能够有序推进、按时完工的基础工作。特别是对于援外乡村减贫项目来说，由于建设内容繁杂，涉及利益相关者众多，协调难度大，如果没有一个切实可行的项目实施计划，工作进度安排随意性太强，干到哪算哪，势必会影响工期，导致项目拖延或延期。

制定项目实施计划时应该充分考虑到工程措施、物资供应、生计项目和培训等项目活动之间的关联与制约关系，合理安排优先顺序；同时应该设置关键的里程碑活动，严格保证里程碑活动能够按期完成。在项目实施过程中如果发现里程碑活动出现延误，就要及时召开会议研究对策，调整和优化后续的实施计划，以保证整个项目能够按期完成。

每年的年度实施计划应该在上个年度的 11 月底之前编制完成，并经过各方面充分讨论后确定，严格参照执行。在每年年底之前，要对当年年度计划的执行情况进行总结和评估，对于没有按照年度计划完成的项目活动，要分析原因，找到解决办法，并在下一年度的实施计划中进行明确。

项目年度实施计划参考模板

一、项目实施情况概述

二、上年度实施计划完成情况

三、本年度工作目标

四、本年度计划开展的项目活动和进度安排

五、采购计划安排

六、资金计划安排

七、人员安排

八、年度计划考核制度

3.3　中方人员管理

根据国际发展合作署《对外技术援助项目管理办法》的规定，技术援助项目实施单位应当成立技术援助专家组并指定组长，负责在受援国当地技术援助任务的组织实施和管理。技术援助专家组接受驻受援国使领馆的监督管理。项目实施单位应当主要选派本单位人员担任技术援助专家，常驻专家组长应为本单位在职人员。因专业特殊或技术资质限制需要外聘人员担任技术援助专家的，应当对外聘人员进行必要的审查，并与外聘人员签订劳动合同，明确双方在执行项目期间的权利和义务。确定的常驻专家人选非因特殊情况不得随意变更。确需变更的，项目实施单位应当将变更后的人员资质、条件等情况重新报商务部确定。

东亚减贫项目根据自身特点，在投标阶段明确常驻专家派遣计划，中方派出人员选派对扶贫工作特别是农村工作经验丰富、综合能力强、专业性强的专家到受援国开展项目实施管理工作。在实施阶段，各实施单位根据投标文件，开展人员派遣。专家组成员往往需要身兼多职。对人员的派出、变更，按照要求报项目协助管理单位中国国际扶贫中心审批、商务部国际经济合作事务局备案后执行。

例如，柬埔寨项目的中方专家组由 4 人组成，成员包括组长一名，英文翻译一名兼任出纳，柬埔寨语翻译一名兼任宣传工作，以及会计一名。人员根据实际情况发生过轮换。其中，历任组长均为工作 35 年以上的骨干，具有丰富的外资扶贫项目规划、管理经验。翻译为外聘人员，在聘用前经过充分考察。

项目完工前，驻受援国使领馆将协助商务部对技术援助人员履职情况进行评估，包括中方技术援助人员在受援国工作期间的工作绩效及履职情况，并充分听取受援方意见。技术援助人员履职评估意见将作为项目验收时验收专家组确认专家服务情况的重要依据。

除以上规定之外，人员管理还需注意以下几方面问题。

①重视人员派驻前的培训工作。

中国派驻受援国的专家（特别是常驻专家）在出国前需要进行集中培训，以便派驻人员能够尽快地进入角色。培训内容应包括项目基本情况、项目管理制度和规定、我国外交方针与政策、外事与财务纪律、安全保密和出国工作注意事项等。

②重视高水平短期技术专家的派驻。

援外乡村减贫项目涉及的专业领域比较广，包括了农业种植、畜牧养殖、水利、产业规划发展、土建工程管理、招标采购等，但常驻专家人数有限，很难保证能够满足所有专业的需求。援外乡村减贫项目应根据项目需要组织相关专业的短期专家为项目提供技术指导、培训等服务。短期专家应以国内相关专业领域高水平的专家为主，一方面可以很好地弥补常驻人员专业领域的不足，另一方面也能够更好地起到传播中国经验、展示中国软实力的效果。

③派驻专家组工作制度。

派驻专家组应制定专门的制度，对外出、接待、举止、着装、语言、用车等作出细节规定，目的是为了树立专家组集体良好形象，便于开展工作。对外援助人员在受援方当地执行任务期间应遵守中国和受援方的法律法规，尊重受援方的风俗习惯，认真履行工作职责，不得从事其他商务活动。

④常驻专家待遇问题。

派驻专家组人员的工资、津贴、补贴等标准均需要依据已公布的最新文件执行，尤其是对于援外人员的津贴，发放必须有据可依，不得自己制定标准进行发放。如果常驻专家中有外聘人员，需要在内部实施合同中，明确外聘人员相应的专业资格、工作年限、职称级别以及工资、津贴发放标准的依据。

⑤突发状况的处理。

专家组在境外发生疾病、意外等情况，需要第一时间向驻外经商参处报告。例如柬埔寨项目专家在境外工作期间感染登革热，及时向驻柬大使馆经商参处进行了报告。经商参处对专家就医进行了指导和协助。

3.4　生计项目的实施

生计项目是援外乡村减贫项目的重要建设内容，对实现项目的减贫目标、帮助村民增产增收、实现项目的可持续发展等都具有非常重要的作用和意义。援外乡村减贫项目是在可行性研究阶段对项目村需要开展的生计项目进行设计和规划，但在项目实施阶段也需要根据当地经济市场的变化情况和村民的实际需求进行实时的优化和调整。生计项目实施内容一般可根据项目村当地的实际情况和村民的意愿，通过农业种植、畜牧养殖、农产品手工制品加工、乡村旅游、技能培训和劳务输出等多种方式进行开展。

例如在东亚减贫项目中，中方项目实施单位根据三个受援国的实际情况，分别开展了各种形式的生计活动，都收到了较好的效果。

表3-1　　东亚减贫项目中开展的生计项目

国家	生计项目实施内容
老挝	完成版索村 40 户养殖种黄牛 120 头；象龙村 10 户养殖种水牛 20 头；象龙村 8 户养鸡示范户共养鸡 4800 羽；版索村 39 户玉米种植示范户面积约 40 公顷；象龙村 9 户大棚蔬菜种植示范户面积 1800 平方米；象龙村 27 户露天蔬菜种植示范户面积约 47 公顷；版索村和象龙村共 40 户织布示范户及 2 个展示厅；象龙村 3 户旅游民宿示范户。同时，分别为 2 个项目村提供各 20 万元生计项目发展资金，共支持 176 户生计发展扶贫产业
柬埔寨	在两个项目村完成 200 户庭院经济（盆栽蔬菜）、80 户盆栽小米椒种植、28 户高温蘑菇、40 户养牛圈舍建设、20 头能繁母牛采购、40 户养牛饲草种植、20 户养牛疾病防疫，新建洗洁精加工厂 2 个
缅甸	埃羌达村标准化养猪示范项目、敏彬村土鸡示范养殖项目、敏彬村 395 英亩高产作物种植和推广、埃羌达村 43 英亩高产作物种植和推广、敏彬村 30 户庭院经济项目、埃羌达村 76 户庭院经济项目、埃羌达村纺织互助组建设、敏彬村竹编互助组建设、两个项目村 16 期村民技能培训

在东亚减贫项目发展的生计项目中，有一些很有特色的做法。例如在几个国家都开展了礼品传递模式的养牛示范项目，向村民发放种牛，种牛产下小牛犊后，继续流转到下一批示范户，小牛犊归原示范户所有。通过这种方式，可扩大项目村养殖规模。

又如在老挝项目中，中方实施单位利用省级配套资金分别为 2 个项目村提供各 20 万元人民币的生计项目发展资金，并建立村生计项目管理委员会、监督委员会和项目资金管理小组进行管理。发展资金在本村内封闭运行，本着有借有还、周转使用、滚动发展、利益共享、风险共担等原则，重点用于与村生产小组有关的，并对社会和环境没有负面影响的生计生产活动。项目实施期间就已经支持了 176 户发展扶贫产业，在项目结束后还将持续发挥作用。

在实施生计项目时，还特别需要重视以下几方面。

（1）需要项目实施人员深入到村民中积极地开展工作

由于生计项目都是具体到户的项目，组织和管理难度大，如果仅仅靠坐在办公室里，通过制定计划、召开会议、下达任务，很难真正地推动生计项目的开展和实施。因此要求项目实施人员扎根乡村，走家串户，了解村民的实际需求，打消村民的戒心和顾虑，并及时提供现场指导和技术服务，才可能使生计项目落到实处，给村民带来持续的收益。

（2）需要重视和发挥村级管理组织的作用，并通过项目实施来提高当地管理人员的组织能力

生计项目的实施不仅工作量大，同时由于受援国国情、民风不同，单靠中方专家实施起来难度很大。因此需要中方项目实施单位调动受援国项目主管部门、县级政府机构积极参与到项目管理中，并重视和发挥村级管理组织的作用，建立村级项目实施小组，协助项目实施单位组织和发动村民。同时通过受援国管理人员的参与，也能够培训和提高受援国各级管理人员的组织和管理能力，利于项目的推广和可持续运行。

在老挝项目中，中方项目实施单位指导2个项目村成立了项目管理委员会、监督委员会、资金管理小组、生产小组，并专门为实施生计项目制订了《生计项目管理委员会管理办法》《生计项目监督委员会管理办法》《生计项目生产小组管理办法》《生计项目财务管理办法》《生计项目发展资金管理办法》，对保证生计项目的顺利实施都发挥了重要的作用。（老挝项目相关生计项目管理办法参见附件6）

（3）重视开展培训和交流活动，加强对受援国减贫理念的提升和引导

“扶贫先扶志、扶贫必扶智”。受援国在开展减贫工作中都存在着思想观念陈旧、主动性和积极性不高的情况。一方面体现在管理部门组织能力弱，缺乏对居民的组织和引导；另一方面农村多数贫困人口文化素质低，常常执着于眼前利益，不愿意去改变，也不知道怎么去改变，安于现状的情况比较突出。因此在开展生计项目的同时还应该有的放矢地安排致富知识和技能培

训，组织各种减贫示范项目的参观和交流活动，来提升受援国的减贫理念，增强村民脱贫致富的本领。

如在老挝项目中，中方项目实施单位积极组织开展来华培训，向老方各级减贫官员分享广西精准扶贫、脱贫攻坚的成就，交流产业扶贫、旅游扶贫等方面的主要经验和做法，拓宽了老方人员的知识见解；并安排两个项目村和广西桂林市龙胜县大寨村开展了2期的“友好村”交流互访活动，交流旅游扶贫、少数民族特色文化、扶贫产业发展等经验做法和带贫效益，从村级视角帮助项目村发展综合扶贫产业，促进民间交流平台搭建，获得老挝方面的赞赏和高度评价。

在柬埔寨、缅甸项目中也同样开展了大量的培训和交流活动，都起到了非常好的效果。正如柬农经司副司长衡真田对新华社记者说，他从项目一开始便与中国专家合作，中国专家不仅带来了扶贫的技术和经验，最关键的是给柬埔寨老百姓带来了通过劳动致富的理念，这种思想上的转变才是最宝贵的财富。

（4）和在受援国当地的中资企业积极合作，拓宽产业发展的途径

大多数受援国由于经济不发达，往往缺乏完整的产业链，给发展生计项目带来了很大的难度。而中国援外多年以来，特别是在中国提出“一带一路”倡议的大背景下，有大批的中资企业走出国门，在受援国一般都会有很多中资企业在当地开展各种经贸活动。在开展生计项目时，中方项目实施单位可以积极与在当地的中资企业寻求合作，利用中资企业在当地的产业优势，引导中资企业和项目村建立帮扶关系，协助当地建立完整的产业链，带动项目村脱贫致富。

如缅甸项目中，在中国驻缅甸大使馆的牵线搭桥，以及项目中缅双方共同调研及动员下，项目村5名村民赴位于内比都的苏美达轻纺集团耶尼分厂参加培训，并就业务工，拓宽了项目村居民增收途径。

图 3-1　老挝项目开展养牛示范

图 3-2　柬埔寨项目开展高温蘑菇种植示范

图 3-3　缅甸项目组织竹编合作社

3.5　采购和合同管理

一些大型工程、个别特殊设备由中方项目实施单位直接在中国境内进行采购，而大多数小型工程、生计物资等由于规模小、技术要求不高，需要在受援国境内进行采购，委托受援国当地的企业进行实施。

东亚减贫项目为了保证在受援国采购工作的规范性，为在受援国境内采购的项目制订了专门的项目《采购管理办法》，对采购方式、评标过程、合同签订等方面做出具体的规定。东亚减贫项目在受援国境内进行的采购，由项目联合管理办公室作为采购主体，允许受援国当地的企业和在受援国当地有分支机构的中资企业进行投标。招标文件、询价采购文件和评标报告（包括修改和补遗）可以以英文文本为准，并同时翻译成中文和受援国国家语言作为补充；招标文件中还应该对投标文件、报价文件、意向书、建议书和合同所应采用的语言做出规定。

东亚减贫项目在实施过程中，项目中的部分附带工程、附带物资在受援国当地通过公开招标的方式进行采购，同时采用了国际上招标采购中较常用的最低价中标的原则，鼓励受援国当地的企业参与投标。在三年的项目实施过程中，三个国家共公开招标采购 60 个合同包，其中 58 个合同包都由受援国当地企业负责实施。这种方式不仅降低了项目成本，同时也极大地提高了受援国当地部门和企业参与项目的积极性。根据项目检查和验收情况，受援国当地企业实施的工程也都能够满足质量验收标准，同时也更符合当地的风俗习惯。具体的采购程序和办法可参考附件 3:《东亚减贫示范合作技术援助项目采购管理办法》。

为使社区更加深入地参与到项目的实施与发展中，提升社区自我发展的内生能力，同时也更有效的利用基层和社区的资源，提升项目的可持续性，社区参与式采购是扶贫项目中比较常见的采购方式和项目实施手段。东亚减贫项目下的小型工程和物资，如柬埔寨项目的房屋改建、厕所修建、养牛示范等，采用了社区参与式的采购方式。在联合项目办的指导下，由村级项目实施小组制订实施方案，负责动员村民、组织实施。柬埔寨项目的村级工程村实施小组实施方案（附件 5）可作为参考。

在土建工程的管理中，还需要特别注意以下问题。

①在受援国当地进行土建工程招标，应特别注意企业资质的要求，避免缺乏经验或信誉不佳的企业入围。建议在准备招标文件之前，对当地的建筑企业情况和市场环境进行适当调查，在参照当地企业资质要求的基础上，制

定适合本项目的企业资质要求。在东亚减贫项目中，中方项目实施机构在招标过程中听取当地部门的意见，还组织专家组对投标企业的业绩和信誉进行核实和现场调查，起到了一定的效果。

②在土建工程设计时，难免会出现中方技术标准和受援国技术标准不一致的情况，因此需要特别注意建筑标准的选择。在中国国内招标的大型工程，可以按照国内的标准；在受援国当地招标的小型工程，为了鼓励当地企业参与投标、尊重当地的一些建筑风格和习惯，建议可以以受援国当地的技术标准为基础，其不足之处可参考中国有关技术标准适当进行改进和优化。

③合同应当双语签订，例如采用中文和英文，或者中文和当地语言，不得只使用一种语言。

④合同金额和中标金额一致，明确合同的范围，明确合同的有限期；合同中必须要明确工程款的支付币种。

⑤通过和受援国协商，确定预付工程款的比例。

⑥合同的变更流程必须明确，未经审批流程的变更不予确认。

⑦土建工程必须预留质保金，质保期合理确定，过短和过长都会存在问题，质保期自单项工程验收之日起开始计算，不得以合同签订日起开始计算。

⑧土建工程的报账资料中，每期进行报账的工程计算支付证书必须是双语。

在项目建设中，由于存在很多小型工程，承包商多数是当地企业，将所有的建设资料全部翻译成中文或英文，可能会增加承包商的成本。为了减少承包商的负担，可以将工程的支付证书设计成中文和当地文字，其他资料使用当地语言。

⑨社区参与性采购会成为援外乡村减贫项目中一个比较常见的采购方式，在该种方式下，需要明确各方的责任，除采购要透明外，参与采购人员的廉洁是一个需要关注的重要问题。

3.6 财务管理

按照《对外技术援助项目财务管理办法》的要求，项目实施单位要建立专门的财务管理制度，安排专门的财务管理人员，对项目资金进行专账管理，单独记账、单独核算，并确保项目资金做到专款专用，杜绝任何单位和个人违规使用或挪用项目资金。项目实施单位应该按照中国政府《会计法》要求指定会计主管人员。

根据东亚减贫项目的特点，中国国际扶贫中心专门制订了的《援外扶贫项目会计核算办法》（以下简称《会计核算办法》，参见附件 2），用于项目实施单位的会计核算工作。该《会计核算办法》是根据商务部、财政部《对外援助成套项目和对外技术援助项目财务管理办法》和《国有建设单位会计制度》等有关规定，即符合援外乡村减贫项目的管理模式和特点，也满足国际发展合作署和商务部对援外技术援助项目财务管理的要求和规定。

（1）银行账号管理

项目援助资金一般采用两级银行账户的管理模式，即在中国境内开设的一级银行账户和在受援国当地开设的二级银行账户。

项目正式生效后，中方项目实施单位在中国境内开设或指定一个专门的人民币基本银行账户，作为本项目的一级银行账户。内部合同中的外汇部分，项目实施单位可以在中国银行开设“购汇人民币限额账户”，或者也可以直接开设普通美元账户，用于美元结算。一级银行账户主要用于支付由中方项目实施单位在中国境内采购和支付的费用，并向二级银行账户支付项目周转金和回补资金。受援国当地的二级银行账户也必须以项目名义，在受援国当地银行开设，可根据需要采用人民币或者美元作为存款币种。二级银行账户必须是本项目的专用账户，只能用于本项目援助资金的存储。二级银行账户用于支付在受援国当地采购的合同费用。需要使用其他币种支付的费用，在支付时按照受援国当地银行公布的汇率直接结汇支付。

项目下需要支付给承包商、供货商和服务商的所有费用，都要通过一级账户或二级账户直接支付，不得经由任何其他银行账户周转。

（2）资金支付程序

①在中国境内由中方项目实施单位采购和发生的费用，根据项目合同条款和支付申请，通过一级账户直接支付给承包商、供货商或服务商。

②项目启动，中方项目实施单位向在受援国当地开设的二级银行账户拨付周转金。

③在受援国当地采购的项目合同，将按照项目合同签约币种，使用二级银行账户办理结汇手续，直接支付给承包商、供货商或服务商。

④受援国当地项目办可根据周转金使用进度情况，向中方项目实施单位提交申报资金回补的提款申请书和费用报表，同时附项目证明材料的复印件，申请资金回补。中方项目实施单位在对资金回补申请书进行审查后，将合格费用支付到二级银行账户。申请资金回补时需要提供的证明材料包括：项目合同；工程验收报告或者货物验收单；有效票据。

（3）国内资金结算

项目实施单位需要根据项目内部实施合同的约定，分别按照人民币和美元向商务部申领合同进度款。申请时，需要填写有关《意见函》《结算账单》，并提交合同规定的全部单证。

财务管理中其他需要注意的问题如下。

①设置财务人员。受援国多数都会发生现金支出情况，因此在项目现场设置出纳是非常必要的。出纳可以由项目实施单位派驻中方人员担任，也可以是在当地选拔的项目管理人员。出纳必须每月制定现金日记账，每月核对无误后，由出纳签名确认，并进行归档。虽然现场可能无法派驻有资质的会计，但是项目实施单位必须在国内配备专人担任项目会计工作，通过远程审核和不定期现场检查的方式进行相应的财务工作，尤其是现金和银行存款的对账，必须保证每月进行核对。

②记账模块的建立。如果受援国存在多个受援单位，为了核算清晰，可能会在一个受援国建立多个项目账，项目账之间必须定期进行账务核对，以确保资金拨入和拨出的一致性。

③公章管理制度和预留印鉴管理制度。受援国的制度跟国内制度不同，可能没有我们国内规定的公章、合同章、财务专用章等方面的制度要求，项目应明确公章管理制度，不需要公章的业务，需要明确预留印鉴的管理制度。比如部分国家在银行业务中，仅需要个人预留印鉴就可以办理，因此应按照受援国的相关制度进行预留印鉴的管理。

④费用报销的语种设置。相应的费用报账单应采用当地语言和中文双语，不能仅使用一方的语言进行费用报销。

⑤双币记账。需要明确项目的双币记账制度，记账本位币是人民币。

⑥报账票据。由于受援国和我们国内的财务制度不同，受援国的票据与我们国内的发票有所不同。因此报账的票据类型需要明确，什么样的票据可以进行报账，同时明确报账具体细节，如除票据外报账所附的其他资料清单等。

⑦现金支出的管理。由于很多受援国的主要结算方式是现金，因此对于发放现金所附资料需要明确，比如，因工作需要发放给当地居民的误餐费，除需要收款人员签名外，还需要记录收款人员的身份信息和联系方式等。

⑧银行存款的核对和银行余额调节表的制定。每月必须将账载银行存款余额与银行对账单进行核对，余额不符的，需要制作银行存款调节余额表，以确定真实的银行存款余额。

⑨及时进行汇兑损益。每半年进行一次汇兑损益。由于双币记账，受援国往往会存在汇率波动较大的情况，应及时对记账汇率进行检查。每一个合同在完成支付后，应注意是否存在因汇率使用不当，而导致依然存在余额的情况，对于这种情况应及时进行汇兑损益。

⑩固定资产的管理。对于专家物资等固定资产需要进行相应的固定资产

台账管理，制作固定资产卡片，同时在相应的固定资产上进行标签管理，标注使用部门及使用状态等。项目应明确对这些固定资产的管理方式，每年至少一次对固定资产进行盘点，形成盘点表，由联合项目办中外双方工作人员签名确认。

⑪ 物资验收流程管理。所有采购的物资，均需要进行相应的验收，验收人必须签名确认，同时将相应验收资料归档管理。没有验收的物资不得支付货款。

⑫ 无法获取单据费用的审查和报销。在很多受援国的实际工作中，可能会发生一些无法获得发票的一些小额现金支出费用，这种情况可以填制自制的无发票费用报销单，同时至少有经办人和证明人两个人签字，然后按照一定的程序审查后办理报销和支付。这些费用主要指一些临时发生的翻译费、工人劳务费、交通费、餐费、招待费、临时租车费等费用。

⑬ 对资金需求的提前谋划。由于减贫项目实施的季节性、周期性特点，对资金的需求、申领计划需要预先谋划。东亚减贫项目在启动初期，工作以建章立制、制定计划为主，资金需求量较小；进入项目中期，土建工程全面开展，资金需求量激增。一旦向商务部申请进度款无法及时到账，容易造成资金紧张的被动局面。项目计划和财务计划需要协同管理，同步谋划。

⑭ 项目实施过程中，财务管理需要同内部实施合同的资金预算分类相匹配，规范管理，便于后期的审查、审价工作。

3.7 档案管理

项目档案资料是指自启动实施至整体项目完工移交期间，各级项目实施机构在项目实施活动中所产生的有保存价值的各种文字、图表、账册、凭证、报表、技术资料、电脑盘片、声像、照片等原始资料。通过档案资料记录项目的全过程，便于今后的项目总结和研究。档案资料管理工作按照统一领导、分级保管、分级查阅的原则进行管理。

档案资料管理工作由项目实施单位在所在办公场所进行归档保存，并指定专人负责接收、收集、整理、立卷、保管档案工作。同时，项目档案需要按照不同的档案类别进行归档保存。

在项目结算尾款前，项目实施单位需按要求将项目的技术资料进行归集、整理，移交给商务部国际经济合作局的资料中心。符合要求的档案移交，是项目尾款结算的先决条件。

（1）采购类档案

从采购计划、采购方案及其审批件起，至采购验收报告和商业发票止，采购过程的所有原始记录、往来函件、报告及批复、公告、公示、投诉处理等原件或复印件，均应归档为采购档案，按采购合同分卷保管。所有采购档案需要按照单项工程或合同整理归档。

招标采购需要归档保存的资料包括：招标公告、招标文件、投标函（所有投标人）、评标报告、中标通知书、合同、工程设计和预算书、决算报告和发票、验收报告。

（2）财务类档案

财务档案资料见表 3–2。

表3-2　　财务档案明细表

序号		档案名称	
1	会计凭证类	原始凭证、记账凭证、汇总凭证、其他凭证	
2	会计账簿类	总账	
		日记账	现金日记账和银行存款日记账
		明细账	凡会计科目表中的明细科目都应设置明细账
		辅助及备查账簿	项目完成及验收登记簿（或称项目账）、公物财产登记簿、其他备查账簿

续表

序号		档案名称
3	财务报告类	月、季、年度财务报表 财务报告、财务情况说明书
4	报账类	项目实施单位确认的项目进度、提款报账表；其他报账有关材料
5	电子数据	MIS 系统的数据存储媒介等
6	其他类	会计移交清册、会计档案保管清册、会计档案销毁清册、银行余额调节表、银行对账单、其他财务资料。
7	审计	审计结论报告

（3）项目管理档案

①项目前期准备资料，主要是村级规划和其他调查摸底资料（社区基本材料等）。

②项目立项报告、批复、承诺函、技术标准、投资概算。

③项目管理制度：各级项目执行单位出台的项目实施手册、采购管理办法、财务管理办法等。

④监测资料：监测评价机构上报的项目村的监测报表、监测报告，农户跟踪年度调查表。

⑤各级项目管理的机构、编制、岗位、人员情况、岗位职责、考核制度、考勤制度、机关管理制度等。

⑥各级项目管理机构印发的文件、资料等。

⑦项目投诉及其处理过程与结果的记录材料。

（4）智力成果档案

按照中国商务部《对外技术援助管理办法》的规定，项目实施单位在开展各种项目活动时，所形成的一切有价值的精神财富或智力产品，包括使用项目援助资金聘请第三方咨询机构开展活动所形成的智力产品，均属于项目的智力成果，需要进行系统整理和归档，并形成书面材料报送中方项目管理机构和商务部。未经商务部批准，项目实施单位无权对外转让、公开项目技术成果，或许可其他单位和个人使用智力成果。属于项目智力成果的内容包括但不限于：①技术建议书、项目管理手册、项目实施方案、咨询报告、分析研究报告、论文、课程讲义等资料；②专利、专有技术、实用技术、版权等知识产权成果；③有经济和技术价值的操作规程、工艺流程、工作程序、实施模式和管理经验等技术解决方案。

3.8　项目进度报告

根据项目管理规定，技术援助项目实施单位应当定期向援外执行部门和驻受援国使领馆报送工作简报，内容涵盖项目执行进展、遇到有关问题及解决措施、下阶段工作计划和实施方案等。遇有重大质量安全问题和可能影响项目实施的突发事件应当及时专题报告。

以东亚减贫项目为例，项目实施单位在项目实施过程中需要编写的报告主要包括如下内容。

①每年 12 月 31 日之前，向中国国际扶贫中心提交年度报告和下一年度的年度项目实施计划。

②定期、按时向商务部国际经济合作事务局和中国国际扶贫中心提交工作简报，必要时应提交专题报告。其中，项目准备阶段每半月报送项目情况，执行过程中每月报送项目实施情况。

③每半年结束后的 45 天内，向中国国际扶贫中心提交项目实施进度报告，对项目总体进展情况进行汇报。

④每半年结束后的 45 天内，向中国国际扶贫中心提交财务报告。

⑤项目监测评价报告，一般由项目实施单位聘请的第三方咨询机构负责监测，并在每年 2 月底之前提交监测评价报告。

⑥项目完工后的 3 个月内，提交项目的完工报告，并对整个项目的实施效果进行总结。

表3-3　　项目实施单位报告职责

序号	报告名称	提交时间
1	年度实施计划	每年 12 月 31 日之前
2	项目月进度简报	每月结束后的 10 天内
3	半年 / 年度进度报告	每半年结束后的 45 天内
4	半年 / 年度财务报告	每半年结束后的 45 天内
5	项目监测评价报告	每年 2 月底之前
6	项目完工报告	项目完工后的 3 个月内

月进度简报参考模板

一、项目概况

二、本期进度

（一）技术合作人员情况

（二）本期大事记

（三）物资情况

（四）本月工作内容、累计工作量及工作质量

（五）对外培训

（六）专家生活

（七）安全情况

（八）受援方反馈意见及要求

（九）本月天气情况（对工程影响情况）

（十）存在问题

（十一）下月工作计划

三、意见及建议

3.9　项目调整

减贫项目建设内容细碎繁杂，特别是一些生计项目，不可预见性比较大，有时难免会出现需要调整的情况。项目实施内容和方案的调整需要依据项目实施单位与商务部国际经济合作事务局签署的内部实施合同有关约定严格执行。

（1）变更流程

在东亚减贫项目的实践中，当申请进行项目调整时，由联合项目办编制项目投资内容调整申请报告，报中方项目实施单位审查。审查通过后，由中方项目实施单位报中国国际扶贫中心审核，通过后报商务部国际经济合作事务局审批。

项目建设方案的重大设计变更，由联合项目办编制详细的设计方案和项目实施方案调整申请报告，在和受援国主管部门充分协商并达成一致意见后，报中方项目实施单位审查。中方项目实施单位组织专家组对新的设计方案进行评审，通过后报中国国际扶贫中心审核，最后报商务部国际经济合作事务局审批。

以上的项目调整流程中，还需要由受援方向我驻当地使馆经商参处提出书面申请，经商参处对此进行审核出具书面意见后报回国内商务部国际经济合作事务局。最终，国内外两方面的审核意见汇总至商务部国际经济合作事务局，由其予以审批。

在整个项目完工前，商务部国际经济合作事务局委托第三方，对全部的调整金额进行审核。如果变更后的总价少于原合同总价，商务部国际经济合作事务局将签署补充协议予以规定；如果变更导致突破原合同总价，超出部分由项目实施单位自行承担。

（2）变更申请内容

因地制宜的项目内容调整是项目实施过程中的重要环节。项目内容、规模的变更需要经过中方和受援方充分的讨论。在申请变更时，需要阐述变更是否符合项目目标，变更的可行性，以及相应的资金变动情况。

以柬埔寨项目 2020 年 7 月调整变更为例。受疫情影响，柬埔寨项目部分涉及人员聚集的活动无法实行，面临调整；同时随着项目的推进，中方对于当地生产环境和市场条件的认识逐渐深入，柬方和项目区居民参与度不断加强，对部分项目设计出现了调整的意愿。应柬方要求，经过项目实施的中柬双方的讨论，特别是与村民实施小组的充分协商，一致决定申请对项目进行调整，包括取消部分培训活动（能力建设活动），取消小米椒加工（生计改善活动），同时增加对于村小学的教学楼底层梁柱的维修工程（新增小型工程项目），以及增加房屋改扩建和厕所维修的数量（原有小型工程项目扩大规模）。项目实施单位四川省扶贫开发局项目中心就此向中国国际扶贫中心上报请示，充分说明了在当前阶段项目的总体进展，上述拟予变更活动的变更理由、实施计划，以及因为项目变化产生的资金调整。对于小型工程类项目，实施单位还说明了拟建设的规模、标准、单位投资等情况。中国国际扶贫中心结合以往实地检查情况，对变更申请进行审查，出具审查意见。

上报变更请示流程除国内部分外，在国外，柬埔寨农村发展部也就以上项目变更事宜致函我驻柬埔寨大使馆经商参处。经商参处经研究出具书面意见，建议同意上述调整。

经综合考虑中国国际扶贫中心、驻外经商参处的意见，商务部国际经济合作事务局研究决定同意有关调整申请，并明确将在项目结束前委托第三方对全部的调整金额进行审核。

3.10 援外标识

为了更好彰显我国对外援助理念，宣传对外援助工作成效，推动构建人类命运共同体，在我国援外项目中要使用统一的对外援助标识和徽章。

援外标识可按比例缩放，但不得更改援外标识的图案组成、文字字体、图文比例、色相等。对于成套项目和技术援助项目，援外标识应当安装于醒目位置，所使用的援外标识载体应当采用耐久材料制作，并根据项目具体情况确定标识载体的制作和安装办法。援外标识载体上除标识图案外，还可以包括国旗图案、项目信息等。

根据国家国际发展合作署《对外援助标识使用管理办法》的规定，项目实施单位在下列情形下应当使用援外标识。

①援外成套项目的主体建筑、大型机械设备、开竣工仪式、项目临时设施和施工工地、项目组驻地。

②援外物资及包装。

③援外人力资源开发合作、志愿者服务等项目的有关活动。

④对外技术援助项目组驻地。

⑤援外医疗队医疗设备和医疗活动。

⑥南南合作援助基金项目约定使用的情形。

⑦援外优惠贷款项目约定使用的情形。

⑧各类援外项目相关文件和资料，援外人员的工作服装、佩饰和交通工具。

⑨经国际发展合作署同意举办的援外活动。

⑩经国际发展合作署同意印制或出版的有关援外刊物或其他印刷品和音像制品。

⑪ 国际发展合作署认为应当使用援外标识的其他情形。

第四章　项目监测评价

4.1 监测评价体系

项目监测评价是项目管理的重要组成部分，是监测项目实施过程、评价项目发展目标是否实现的重要工具。特别是扶贫项目具有建设内容综合、复杂、多样化等特点，在项目管理中建立一套有效的监测评价体系，具有很重要的意义和影响。

监测评价体系分为内部监测和外部监测。内部监测由项目实施单位根据项目实施的情况进行统计，并定期在项目进度报告中进行描述；外部监测将由第三方咨询机构根据调查方案，对项目的产出、影响和各利益相关者的满意度进行调查，每年编写一次项目监测评价报告，报告中应对项目的执行情况、项目影响、项目遇到的主要问题进行分析，并提出具体的评价意见。

监测评价的主要指标应该包括以下几类。

（1）项目产出指标监测

项目产出指标是根据项目的具体建设内容设置的实际完成实物量指标。

主要是结合项目的投资内容，监测和统计项目各种建设工程的规模和数量，分别面向当地官员和农民开展的各种培训次数和参加人数，在当地组织建立农民合作组织的数量和规模，提供技术援助的内容和数量等。

（2）项目影响指标监测

项目影响指标主要关注通过项目的建设，所产生的经济、社会、环境等方面的影响，以及对当地扶贫所产生的示范带动作用。监测指标主要应该包括当地农民经济收入的变化和影响，新增的就业机会，新增的有效灌溉面积，饮水、卫生、供电等各类工程的受益范围和人数，农民合作组织所发挥的作用和运转情况等。项目影响指标应该在项目实施前进行一次基线调查，然后在项目实施过程中每年定期进行监测，来分析和比较项目的实施效果和影响。

（3）项目满意度调查

在项目的监测评价工作中，还需要每年对项目各方面参与人员进行满意度调查。

表4-1　　项目村满意度调查表

调查对象	调查项目	调查结果		
		调查人数	满意人数	满意比例
对村民的满意度调查	村民对项目采购公平性满意的比例			
	贫困户对项目采购公平性的满意比例			
	村民对工程质量满意的比例			
	村民对技术技能培训的满意比例			
	村民对生活改善的满意比例			
	村民对项目实施效果满意的比例			
对官员的满意度调查	对项目管理模式满意的比例			
	对项目实施效果满意的比例			
	认为减贫经验具有示范性和推广价值的比例			

4.2　定点农户的选择和调查

为了能够对扶贫项目的影响和效益进行精确的分析，除了进行项目村全面的统计和调查之外，还可以在项目村按照全村总户数 5% ~ 10% 的比例（人口 3000 人以上的大村取下限，3000 人以下的小村取上限），来选择和确定定点农户进行跟踪调查，保持项目实施期内稳定不变。定点农户要具有代表性，选出的定点农户，要能够涵盖项目各项建设内容实施后受益户的代表，从而使根据定点农户采集到的监测数据反映整个项目村的变化情况。

4.3 项目对比监测村的选择和调查

为实现项目横向对比评价的目的，检测本项目的示范效果，可以在示范项目村附近，选择一个自然条件、社会经济与生产规模都与示范项目村比较接近的另外一个村作为对比监测村，按照同样的指标进行跟踪调查。

图 4-1 缅甸项目在对比村开展监测评价调研

4.4 咨询单位的选择

由于扶贫项目的特点和监测评价的具体要求，需要开展大量的农民入户调查工作。为了提高工作效率、同时能够加强当地人员的参与，可以在受援国通过招标的形式选择第三方咨询单位，按照中方制定的工作大纲，在中方技术人员的培训和指导下，开展监测评价基础数据调查、数据整理等工作。

年度监测评价报告参考模板

1. 项目基本情况介绍

介绍项目的主要建设内容、项目发展目标；监测评价的主要工作内容和要求等。

2. 项目实施进展情况

介绍当年项目实施的进展情况、开展的主要建设内容和项目活动。

3. 监测评价工作开展情况

介绍当年监测评价团队所开展的监测评价活动内容和过程。

4. 项目关键监测指标分析

结合项目监测指标，对主要指标的监测结果、监测方法及项目影响的分析。当年监测结果应该和项目实施前的基线数据、非项目区数据进行对比分析。

5. 项目监测与评估基线调查的意见和建议

5.1 监测与评估的结论

根据调查的各项结果，总结得出结论。

5.2 问题及建议

主要是针对项目执行中可能存在的一些问题与不足，从项目目标实现的角度，提出具有建设性的一些建议，以供项目实施单位参考。

第五章　项目完工验收和移交

5.1 项目内部验收

在项目完工后，要由项目实施单位首先进行内部验收，内部验收合格后再向中国商务部申请整体验收。内部验收应以中方项目实施单位为验收主体，同时邀请受援国项目实施单位、工程管理公司、项目村项目实施小组派人员一起参加。内部验收包括土建工程、物资、咨询服务、项目资料等四个方面，生计项目可按具体实施内容分别按照以上类别进行验收。

（1）土建工程验收

在国内采购的大型土建工程，由商务部国际经济合作事务局指派符合资质要求的中国工程管理公司负责工程管理工作，具体包括工程设计审查、工程施工管理和工程监理、工程技术验收等工作，工程管理公司对施工单位提出的支付申请进行审查。施工单位必须接受工程管理公司的监督和管理。

满足下列条件的土建工程，项目实施单位可组织先进行内部竣工验收。

①项目全部工程已按设计要求完工。

②施工单位在工程完工后对工程质量进行了检查，确认工程质量符合有关法律、法规和工程建设强制性标准，符合设计文件及合同要求，并提出工程竣工报告。工程竣工报告应经项目经理和施工单位有关负责人审核签字。

③对于委托监理的工程项目，监理单位对工程进行了质量评估，具有完整的监理资料，提出工程质量评估报告，并在报告中确认工期。工程质量评估报告应经总监理工程师和监理单位有关负责人审核签字。

④施工技术资料和过程管理资料已按有关规定整理完毕。

⑤已完成现场清理和保洁；供水供电或现场水电条件满足验收工作要求。

工程竣工验收流程如下。

①验收组工作前，组织验收组成员确定现场职责和验收组人员工作分工。

②提前通知相关企业准备验收工作所需技术资料和相关材料。

③验收组对工程质量、观感、工程资料进行检查，记录检查情况、编制竣工验收报告；竣工验收报告验收意见和签字页应采用中文和当地语言双语。

④对检查验收中发现的较严重的问题，提出整改意见，由施工单位整改后再重新组织检查验收。

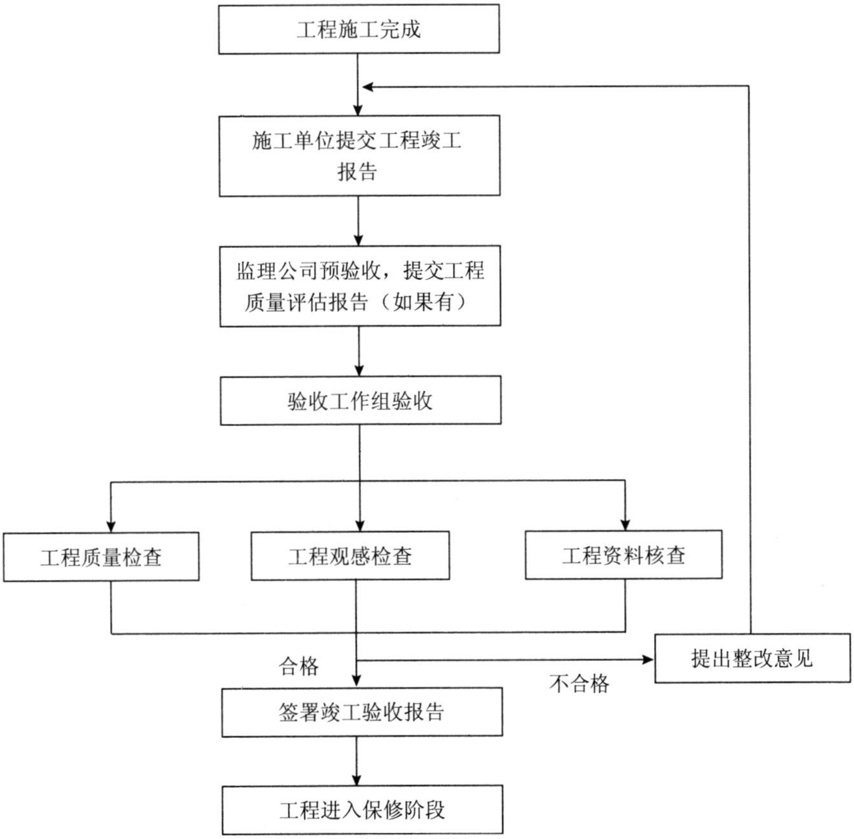

图 5-1　小型工程竣工内部验收流程图

如果按照形象进度进行单项验收的，还需要对工程量进行预估，以判断形象进度和工程进度的一致性。

在援外乡村减贫项目中，对由村实施小组组织实施的到户项目（如：厕所、房屋、种植、养殖项目），可参照工程验收办法，进行相应简化实施。

（2）物资验收

利用项目资金采购的设备物资，可由中方项目实施单位和受援国代表一起进行验收。通过社区参与式采购方式采购的生计物资，由项目实施单位组织村级项目实施小组一起对物资进行验收，并分配给具体的农户，每个农户在“社区参与式采购物资验收单”上签字确认，并作为货物款项支付依据。

（3）咨询服务验收

咨询服务商按照任务大纲的要求完成工作并提交具体成果后，由项目实施单位组织对成果进行验收，验收合格后，按照“咨询服务成果验收单”格式填制验收单，相关参与人员在验收单上签字确认，并作为支付手续依据。

（4）项目资料验收

对各完工项目验收完成后，验收资料与项目实施方案、实施协议、施工合同、公示公告（照片）等项目建设资料同步归档在项目档案中，确保资料齐全、有效，符合项目设计要求。

5.2 项目自评报告

技术援助项目实施完工前 1 个月，项目实施单位应当向商务部国际经济合作事务局书面提交项目自评报告，内容涵盖项目总体实施情况、取得的援助效果和经济社会效益、受援方对项目实施的总体评价、项目执行过程中遇到的问题及解决措施、有关突发紧急情况的处理应对以及项目是否延续的有关建议等。

自评报告参考模板

一、项目概况

1. 项目背景情况

2. 基本建设内容

3. 实施模式

4. 投资限额

二、项目实施过程

1. 项目接收和准备

（项目实施前的投标、内部合同签订、人员派驻的过程简介）

2. 项目实施情况

（对照项目可研报告确定的建设内容，详述所开展的具体活动、完成的实物量指标数据、项目投资实际完成情况、项目采购情况、项目管理情况等）

3. 实施过程中的风险事项和处理结果

三、项目实施效果评价

1. 项目实施产生的主要成果

①项目主要产出和成果情况，并尽量列举实例和图片进行补充说明。

②重点介绍生计项目开展的活动、受益人群、遇到的困难和措施、产生的效果和影响等。

2. 项目监测评价情况

（按照项目监测评价指标，分析项目实施效果和影响）

3. 可持续发展（后续维保、可持续运营情况）

（介绍和分析受援国机构及项目村民是否有完善的制度和足够的资金来进行管理和维护，保证项目基础设施、物资设备能够可持续性的发挥作用）

四、效益评价

1. 政治效益

2. 经济效益

3. 社会效益

五、自评结论

1. 总体评价

2. 存在问题和改进措施

3. 后续工作建议

5.3 项目整体验收

项目整体完工前1个月，项目实施单位向商务部国际经济合作事务局提交整体项目完工验收申请，并提交完工自评总结报告。验收申请须经驻外使馆经商处附属确认。商务部国际经济合作事务局将选派验收组开展项目整体验收工作。验收完成后，需要驻外使馆经商处就专家组工作情况出具履职意见。

（1）验收条件

在项目满足下列条件时，将由商务部国际经济合作事务局组织进行竣工验收。

①项目全部建设内容已按内外合同要求完工，项目实施单位自检合格。

②项目实施单位按照本验收办法准备完成相关资料，并编写完成项目自评报告。

③项目实施单位已完成所有变更申请的审批工作，并正式向商务部国际经济合作事务局提交项目竣工验收申请。

（2）验收内容

商务部国际经济合作事务局负责组织专家组，和受援国项目实施单位一起，以政府间协议、对外实施协议、实施合同、技术援助方案等为主要依据，对项目的人力资源开发、智力支持、技术服务和转让、管理工作的实物工作量、智力成果和援助项目进行综合评估，对项目实施单位的履约情况和专家服务情况进行确认，对附带物资设备和工程服务进行核验和验收，最终对技术援助目标的实现做出合格或不合格的验收结论。

根据商务部《经济合作局援外项目检查验收监管工作手册》的要求，援外乡村减贫项目的完工验收内容主要包括以下几个方面（生计项目可按照具体的建设内容归入对应类别验收）。

①技术人员派驻情况。项目实施过程中技术组成员在岗工作情况，有无擅自变更、离岗、缺岗的现象；项目实施单位是否与援外专家订立劳动合同，建立规范的劳动合同关系；项目实施单位落实援外专家待遇情况等。

项目实施单位需按照人员实际在岗情况填写，并整理相关证明材料，提交给验收组审查。专家组成员需要提供全本护照所有页的复印件。

②附带工程实施情况。附带工程主要从合同履约情况和质量评定情况进行验收。合同履约情况包括附带工程是否按项目的设计进行、是否存在设计变更、变更流程是否合理、项目的完工情况、项目的档案情况等。质量评定可按照受援国当地技术质量标准，同时参照部分国内相关工程质量规范进行验收，并进行现场实测和观感检查。验收组根据验收情况对工程做出“优良”“合格”和“不合格”三级评定。

项目实施单位需按照附带工程实施情况填写并整理相关证明材料，提交给验收组审查。

③附带物资管理情况。项目实施单位是否按照项目内部实施合同清单提供相关附带物资，是否办理交接手续；技术组的固定资产（主要指交通工具、专用设备、生活设备、办公设备等）或不动产是否符合合同要求；项目设备材料等物资的供应和管理是否规范，如国内采购物资，是否经国家出入境检

验检疫机构检验合格后启运。验收组同时对设备材料、附带技术物资进行现场清点查验。

④技术培训考察实施情况。是否按照审定的技术培训、考察方案开展培训工作，及相关的培训计划和方案、参加人员的签到表、培训考察图片、培训考察总结等证明材料。

⑤资金使用管理。是否按项目单独设账、单独核算，专款专用，有无挪用；是否按照规定开立和使用银行账户；是否按照《项目管理手册》要求记账；是否配合商务部及有关部门的财务监督检查和绩效评价工作，并执行检查部门提出的处理意见。

⑥信息报送情况。项目各阶段是否按合同要求报送项目实施情况；执行过程中每月报送项目实施情况是否及时；遇有突发事件等重大事项，是否第一时间报送有关信息。

⑦技术资料情况。全面审阅和复核验收范围内有关技术资料和相关记录是否完整，技术资料管理存在严重缺陷或问题致使不能确定其质量结果的，中止验收工作并及时向合作局地区处报告。

（3）验收流程

项目完工验收过程分为 2 个阶段 9 个步骤。

第一阶段为现场检查验收阶段。验收组按照商务部国际经济合作事务局《对外技术援助项目管理办法（试行）》的要求，对项目建设内容进行现场检查验收。其中，对项目中的土建工程按照成套项目的要求进行验收。第二阶段为整改阶段。项目实施单位对验收组提出的现场检查和技术资料检查提出的《问题清单》，逐一整改落实。

工作步骤如下。

①确定验收方案。验收组向中国大使馆经商处汇报验收工作计划，听取经商处的意见和建议，制定完善《检查验收工作方案》，并告知中方专家组。

②提供项目资料。根据验收组要求，在验收组进场之前，中方专家组需

向验收组提供“验收所需的项目资料”，资料清单见附件 8。

③召开首次会议。验收组召开首次验收工作会议，听取中方专家组总体情况汇报；验收组组长介绍《检查验收工作方案》，布置验收工作任务。

④现场检查验收。分为两个方面：一是技术资料核查。验收组按照分工，分类查阅项目档案资料；二是实测和观感检查。对实施项目进行现场感观和质量检查。通过资料查阅和现场检查，验收组分类提出问题整改清单。

⑤落实问题整改。问题整改分为两个部分：一个是土建工程项目的现场整改，一个是项目资料的补充完善。

⑥开展走访座谈。验收组与中方专家组、受援方、项目村农户开展走访座谈，听取受援方对项目实施效果的评价。并请受援方填报《受援方满意度调查表》。

⑦作出验收结论。验收组根据检查验收结果，对合同履约、技术服务效果、实物成果、智力成果和援助效果以及整改情况，进行综合评估，作出验收结论（验收结论为合格、不合格两种）。

⑧汇报验收结果。验收组编制完成验收报告，并向中国大使馆经商处全面汇报验收工作情况和验收结果。

⑨召开末次会议。验收组组织召开末次会议，宣布验收结论。中方专家组与验收组在相关验收资料上签署意见。至此，整个验收工作结束

5.4　项目移交

项目移交内容主要包括三个方面。

①工程交付。验收组验收结束后，项目实施单位将建设的工程项目向受援国进行交付，由受援国进行使用，并负责后期的运行维护。

②固定资产移交。使用援款单独购置并按固定资产进行管理的专家物资、技术物资和零配件等产权均归受援方所有。项目执行完毕，项目实施单位对固定资产盘点后，及时移交受援方主管部门，并办理移交确认手续，有关书面交接材料报援外执行部门备案。

③相关资料移交。对项目实施中形成的项目管理档案、工程图纸、设备使用手册、项目宣传画册、宣传片等资料，与受援方项目实施单位进行移交并办理移交手续。

在通过验收，完成以上移交工作后，援外主管部门将通过外交渠道与受援国办理政府间移交手续。根据驻受援国大使馆经商参处意见，专家组可留下组长等部分人员配合开展政府间移交工作。

项目移交过程中还需要注意的问题包括以下方面。

①使用维护。在建设完成交由当地社区开始使用后，需要建立管理及巡查制度，加强对物资和各种设施的维护，避免在正式验收时出现设施破损、物资遗漏等情况。

②档案管理。对于财务档案在验收阶段必须装订成册，所有的财务档案必须由中方保管并在项目结束后带回国内，由项目实施单位进行档案保管。部分资料可以一式两份，中方保管一份，受援国保管一份。但是记账资料必须由中方保管。

③物资的交接。对于需要留给受援国的固定资产，在进行资产交接时，需要双方的签名确认并对资产进行拍照，形成相应的档案材料。

④尾工工程的管理。项目结束，可能存在部分合同尚未完工，导致存在尾工工程，或者质保期尚未到期的情况。由于存在这些情况导致项目在完工后尚存在未支付的工程款。对于该部分款项，中方人员在回国前，必须与受援国制定相应的尾工工程管理办法和质保金的管理办法，确保工程款的顺利支付。

例如柬埔寨项目的能繁母牛项目在项目后期启动。尽管已经完成了母牛的采购，但牛犊的繁育、饲养和传递在项目结束之后发生，且在此期间将产生饲料和疫病防治费用，形成了“尾工工程”。柬埔寨项目联合项目管理办公室将此部分项目资金以“预付工程款”的形式，预先拨付至由村实施小组和乡镇府共同开设的“养牛项目疾病防疫专用账户”，同时与柬方签署管理协议，明确了管理监督职责。

第六章　项目后评估

为了检验与总结项目设计目标、建设内容、技术路线、实施计划是否达到项目预计的效益与影响，综合评估项目是否能够持续发挥作用和效益，以及分析项目措施是否具有可复制性，开展项目的后评估具有非常重要的作用和意义。特别是对于援外乡村减贫项目，由于项目减贫影响具有一定的周期性，项目开展后评估尤其重要。综合来讲，项目后评估的主要目的是：总结经验，发现问题，调整政策，并通过反思经验教训，提高对项目的决策与管理水平。

项目后评估工作一般在项目结束后的 1 ～ 2 年后进行。为使项目后评价工作能建立在更加客观真实的基础上，一般应由独立的咨询机构或专家来完成。"独立"是指从事项目后评估的机构和专家应是没有参加过本项目前期准备和建设实施咨询业务和管理服务的机构和个人。评估机构组织相关的专业技术人员，通过走访受援国项目区和相关部门进行实地调研、考察，对该项目结束后所取得的成效及其影响，项目实施与管理过程中存在的问题，解决的办法，取得的经验教训，项目结束后续的工作安排，项目的影响及今后能否可持续发展等重大问题，开展较为全面、深入的调查研究，并直接向项目的主管部门提交对该项目的后评价报告。

项目后评估的内容大体可包括以下内容。

（1）项目设计和立项决策的后评估

对项目前期决策阶段的后评估，重点是对项目可行性研究报告和项目立项批准文件的评价。根据项目实际的投入、产出、效果和影响，来分析评估项目前期规划设计和决策内容，检查项目的决策程序，分析决策成败的原因，探讨决策的方法和模式，总结经验与教训。

（2）项目建设实施的后评估

项目建设实施的后评价包括：资金使用情况分析与评价；项目的合同执行情况分析；工程实施及管理；资金使用效率等。

（3）项目效益影响后评估

包括对项目所产生的政治效益、环境效益和社会效益在项目结束后所产生的持续性影响进行分析和评估。

同时，对项目区受益发展状况进行社会评估，包括：①就业影响；②地区收入影响；③居民的生活条件和生活质量；④受益者范围及其反映；⑤群众参与水平与状况；⑥地方社区的发展；⑦受益人群的脱贫情况。

（4）综合后评价

综合后评价是在以上各部分的深入调研和评价结论的基础上进行的，是对前述各单项评价的归纳、综合、提炼和总结。它是从项目整体的角度，分析评价项目目标实现程度、项目的成功度以及项目的可持续运用等重大问题。对以上各部分进行综合分析后，找出重点，深入研究，提出项目总的评价结论，并对其不足之处提出有效的改进措施和建议，以便更好地提高项目的经济效益和社会效益，为今后类似建设项目提供经验。

附　件

附件1 东亚减贫示范合作技术援助项目项目管理手册

1.项目基本情况

1.1 项目名称及发展目标

项目名称：东亚减贫示范合作技术援助项目（以下简称“项目”）。

项目总体目标：深入贯彻落实中国政府提出的东亚减贫合作倡议，促进东亚国家减贫合作交流，共同减少贫困，改善民生。

项目具体目标：通过示范中国成功的以政府主导、群众参与为基础的“整村推进”减贫经验及精准扶贫经验，因地制宜，因贫施策，以项目社区存在问题和发展需求为导向，开展社区减贫活动，改善社区生产生活条件，增强社区自我发展能力，构建社区尤其是贫困户多样化的增收途径，为东亚国家的减贫、改善民生提供示范。

1.2 项目区基本情况

本项目将在老挝、柬埔寨、缅甸3个国家的6个示范项目村开展减贫合作示范活动。示范项目村的基本情况见下表1–1所示。

表1-1 示范项目村基本情况表

示范项目村		户数	人口	贫困户比例（%）	土地面积（公顷）	耕地面积（公顷）	人均收入（美元/年）
老挝	版索村	430	1987	30	830	806	765
	象龙村	165	839	49	16624	87	1165

续表

示范项目村		户数	人口	贫困户比例（%）	土地面积（公顷）	耕地面积（公顷）	人均收入（美元/年）
柬埔寨	CP村	335	1767	15.2	409	266	284
	SA村	414	1870	15.0	509	324	420
缅甸	埃羌达村	483	2274	65	97	6.8	
	敏彬村	998	4546	70	450	422	260

数据来源：2015年项目可行性研究报告。

1.3 项目建设内容

项目主要建设内容包括乡村基础设施建设、农村公共服务设施建设、农户生计改善、能力建设和技术援助5个部分，具体内容包括：

（1）乡村基础设施建设

根据示范项目村的实际情况和需求，设计和建设防洪工程、灌溉排水工程、农村饮水工程、供电工程、乡村道路、桥梁、小型农贸市场等，进一步提高示范项目村基础设施建设水平。

（2）农村公共服务设施建设

在示范项目村进行小学学校改善、农村卫生室改善、村级活动培训学习中心建设、村级文化设施建设、农村环境改善（垃圾处理等）等农村公共服务设施建设。

（3）农户生计改善

主要是通过社区参与式采购和实施的方式，扶持示范项目村发展养殖业、种植业、庭院经济、微型加工业、乡村旅游等，改善农户生计条件。同时，将面向示范项目村农民群众特别是贫困户，开展有关农业种植、畜牧养殖、外出务工基本技能的技术培训；支持示范项目村成立各种形式的农民合作组织。

（4）能力建设

a. 管理人员培训：组织对受援国各有关部门和相关管理人员进行培训和指导，提高减贫工作管理水平。

b. 国外培训考察：组织受援国有关人员到中国有关省(区)参加“整村推进”扶贫开发和“精准扶贫”方面经验与做法的技术培训和交流研讨活动。

（5）技术援助

a. 中方专家技术援助：项目实施单位安排技术援助专家组在受援国常驻现场指导，在3年项目执行期内，开展项目技术检查指导、技术培训和有关问题的咨询服务等活动。在必要时，派出短期专家到受援国进行项目执行情况督查和技术援助。

b. 项目研讨交流总结会：项目管理和实施单位在项目执行期，组织召开有关项目执行情况的交流研讨会，并在项目结束时召开东亚地区减贫经验总结交流研讨会，交流和推广项目所取得成果和经验，进一步扩大项目的影响力。

c. 教材影像制作：为配合项目宣传与推广工作，项目实施单位和管理单位将开展项目培训材料、宣传手册、影像视频制作等工作。

d. 监测评价：对6个示范项目村的减贫合作示范项目执行情况和实施效果进行监测评价，开展项目区基线调查和年度监测评价工作。中国国际扶贫中心负责组织开发项目管理信息系统（MIS），并进行监测评价培训和指导工作。

e. 项目管理和监督检查：为保证本项目能够按计划顺利实施，达到预期的成效，中国国际扶贫中心每年开展项目协调、检查监督和指导服务等相关工作，商务部国际经济合作事务局对本项目进行不定期检查督促工作。

1.4 中方项目组织结构

项目管理机构：商务部国际经济合作事务局

项目协助管理机构：国务院扶贫办中国国际扶贫中心

项目实施单位：广西壮族自治区外资扶贫项目管理中心（老挝项目）

四川省扶贫和移民工作局项目中心（柬埔寨项目）

云南省国际扶贫与发展中心（缅甸项目）

1.5 受援方主管部门及实施机构

经过中方和受援国政府协商，受援国指定专门的项目主管单位和项目实施单位，和中方共同开展项目活动。受援国的项目主管单位和项目实施单位分别为：

表1-2 受援国的项目主管单位和项目实施单位

受援国家名称	主管部门	项目实施单位
老挝人民民主共和国	老挝老中合作委员会	老挝农林部农村发展与合作社司（原国家农村发展与消除贫困委员会）
柬埔寨王国	柬埔寨财经部	柬埔寨农村发展部农村经济发展司
缅甸联邦共和国	缅甸农业、畜牧和灌溉部（原畜牧水产与农村发展部）	缅甸农业、畜牧和灌溉部农村发展司

1.6 项目执行周期

本项目计划从2017年开始实施，实施期为3年。项目主要里程碑日期如下：

表1-3 项目主要里程碑日期

项目活动	计划日期
立项	老挝：2016年1月7日 柬埔寨：2016年2月23日 缅甸：2016年2月8日
项目内部实施合同签订	老挝：2016年11月3日 柬埔寨：2016年11月1日 缅甸：2016年11月1日
项目启动会	2016年12月7日
项目对外实施协议签订	老挝：2017年6月14日 柬埔寨：2017年2月16日 缅甸：2017年11月19日
项目开工	老挝：2017年9月30日 柬埔寨：2017年7月30日 缅甸：2018年1月23日
项目预计完工	老挝：2020年9月29日 柬埔寨：2020年7月30日 缅甸：2021年1月23日

2.项目管理安排

2.1　项目管理模式

项目采用中外合作联合管理的工作模式，在受援国成立联合项目管理办公室（以下简称“联合项目办”）。联合项目办成员由中方常驻专家和受援国项目实施单位相关工作人员组成。项目日常管理工作将在中方专家组的指导下，充分发挥受援国人员的积极性，由双方人员共同组织实施。双方通过良好合作，确保项目顺利实施，按计划实现预期目标。

项目在实施与管理过程中，将采用中国的“参与式扶贫开发”模式，依靠和发动示范项目村干部和群众代表广泛参与，共同找出致贫的主要原因，并会商出整体性、综合性的村级减贫近期措施以及远期规划，进一步提高贫困村和贫困村民自我发展能力，为当地农村的发展增强造血功能，实现示范项目村可持续减贫和可持续发展。

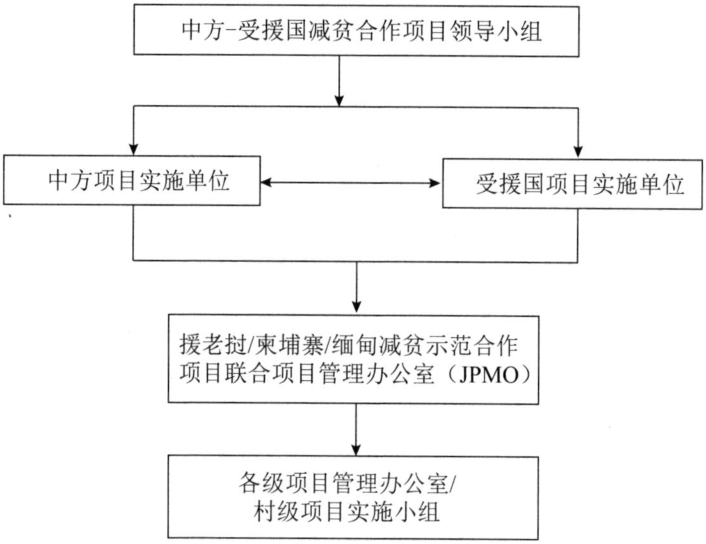

图2-1　项目组织机构示意图

国家层面领导协调机制：为保证项目实施，商务部国际经济合作事务局、国务院扶贫办中国国际扶贫中心、受援国项目主管部门成立项目领导小组，负责项目执行中的重大事项研究、统筹和协调工作。

2.2 中方项目实施单位及职责

中方项目实施单位分别为广西壮族自治区外资扶贫项目管理中心、四川省扶贫和移民工作局项目中心、云南省国际扶贫与发展中心，负责组织各受援国减贫示范项目的实施和管理工作，主要职责如下。

（1）根据本管理手册的基本原则，在经过详细的现场勘查，并和受援国项目实施单位充分协商后，编制本项目的《技术援助实施方案》，经中国国际扶贫中心审查，经外方确认并报商务部国际经济合作事务局批准后，按照《技术援助实施方案》的内容组织项目实施。

（2）在受援国成立联合项目办，并派驻常驻专家与受援国人员一起紧密合作，共同开展项目活动。

（3）负责开展对项目的技术援助工作，安排相关专业的短期专家，对联合项目管理办公室所开展的项目活动提供现场指导、培训、示范和督查。

（4）负责组织受援国来华培训考察。

（5）对采购过程、财务支付等进行必要的审批和审查。

（6）在项目实施过程中，根据实际情况，若遇到需要变更调整项目内容时，在不影响项目目标、不突破项目总资金规模的情况下，与受援国相关工作人员商议后，编制项目调整方案。对涉及到生命财产安全的方案变更，应委托有资质的单位开展必要的勘测设计工作。项目调整方案应报中国国际扶贫中心审核后，报商务部国际经济合作事务局审批。

（7）负责安排工程管理公司，对工程项目进行监督、审查和现场管理工作。

2.3 受援国项目实施单位及职责

受援国项目实施单位分别为老挝农林部农村发展与合作社司（原国家农村发展与消除贫困委员会）、柬埔寨农村发展部农村经济发展司和缅甸农业、畜牧和灌溉部农村发展司，主要职责如下。

（1）派员与中方共同组建联合项目办，并根据管理需要，成立地方项目管理机构；受援国管理人员相关费用由受援国自行承担。

（2）按照项目实施有关规定要求，与中方项目实施单位共同参与项目实施及管理工作，并协调解决项目实施与管理过程中的问题。

（3）负责协调受援国有关部门对本项目进行环境影响评价和社会影响评价工作，并出具相关报告。

（4）负责组织示范项目村村干部和村民对基础设施及公共服务设施建设等工程项目进行必要的投工投劳。

（5）参与和配合本项目的检查验收、监测评价工作。

（6）协助和配合中方专家开展工作，并为常驻专家技术援助小组提供必要的办公场所。

（7）负责项目实施场所和中方派驻专家及工作人员的安全保障。

（8）为中方相关管理人员和专家出入境提供必要的工作便利。

（9）免除本项目一切税收和海关税等。

（10）负责履行在项目实施过程中需要受援国配合的其他工作内容。

同时，受援国其他项目相关单位将根据项目实施的需要，配合开展项目的实施工作。

2.4 联合项目管理办公室（JPMO）及职责

中方和受援国项目实施单位在受援国当地以东亚减贫示范合作技术援助项目的名义成立“援老挝 / 柬埔寨 / 缅甸减贫示范合作项目联合项目管理办公室”。联合项目办主任由中方派驻人员担任，或者实行双主任制，由中方和受援国派驻人员分别担任。联合项目办至少配备财务管理人员、出纳、采购管理人员各 1 人，同时要为每个示范项目村配备 1 名专门的管理员。联合项目办的主要职责如下。

（1）在中方项目实施单位的监督和指导下，负责项目的实施及管理工作。

（2）按照本项目《采购管理办法》的要求，负责在受援国开展的工程、物资和咨询服务等招标采购工作。

（3）负责工程项目的合同管理和质量监督检查工作，负责审查承包商或监理公司的进度申报材料，组织工程的竣工验收工作。

（4）负责在受援国采购的物资、咨询服务的合同管理和验收工作。

（5）负责受援国当地项目资金使用管理工作，按照本项目管理手册的要求，编制项目资金申请资料，向中方项目实施单位申请资金拨付。

（6）指导项目村组建村级项目实施小组，配合开展本村项目实施活动。

（7）负责开展项目监测评价工作。

（8）做好项目总结宣传工作。

2.5 村级项目实施小组及职责

每个示范项目村成立村级项目实施小组，成员通过召开村民大会的形式推选产生，其中至少要选择经济状况好、中、差农户代表和妇女代表各 1 人。实施小组设组长 1 名，副组长 2 名。

村级项目实施小组主要职责如下。

（1）配合联合项目办和中方技术专家的工作，协调解决项目实施过程中的问题，确保本项目村贫困农户和妇女在项目中的参与和利益分享。

（2）在联合项目办和技术专家的指导下，组织本村农户开展本项目规定的社区参与式采购活动。

（3）参与本村工程项目的检查验收工作。

（4）组织农民参与技术培训和各种能力建设。

（5）协助开展项目监测评价和入户调查工作。

（6）组织本项目村农户参与讨论、制定、实施项目后续运行管理办法及措施。

（7）组织做好项目公示公告和社会监督工作。

3.采购安排

3.1 采购管理综述

本项目采购内容包括土建工程、货物和咨询服务等三种类型。本项目的采购管理工作，由中方项目实施单位总体负责。500 万元以上的工程、个别特殊设备和中国管理服务由中方项目实施单位在中国境内进行采购，其他的采购内容由联合项目办在受援国境内进行采购。

在中国境内采购的项目，将按照中国政府采购法进行采购，500 万元以上附带工程由商务部国际经济合作事务局指定的管理公司进行监管。在受援国境内采购的项目，联合项目办将按照本项目的《采购管理办法》中规定的程序进行采购。

联合项目办负责在受援国开展的采购工作，包括招标公告发布、招标文件编制及补遗修改、评标报告编制、合同签订及变更等。联合项目办应配备专门的有采购经验的采购管理人员，并成立本项目的评标委员会或评标小组。评标委员会 / 评标小组成员应主要由联合项目办管理人员、相关业务部门技术人员和有关专家组成。

由联合项目办在受援国境内进行的采购，允许受援国当地的企业和在受援国当地有分支机构的中资企业进行投标。土建工程的投标人需要满足受援国或中国对相关工程的资质要求，且信誉良好。

招标文件、询价采购文件和评标报告（包括修改和补遗）以英文文本为准；招标文件应对投标文件、报价文件、意向书、建议书和合同采用的语言进行规定。

本项目的招标采购工作应本着“公平、公正、公开”的原则，土建工程和货物招标采用最低响应价中标的评标方法，咨询服务采购采用最高分中标的评审办法。具体采购程序和办法请参见项目《采购管理办法》。

3.2 采购职责与分工

（1）中方项目实施单位

a. 负责需要在中国境内进行采购的项目。

b. 负责培训联合项目办采购人员。

c. 审查和批准联合项目办提交的采购计划。

d. 审查招标文件和评标结果，提出修改意见或不反对意见函。

e. 监督联合项目办的采购活动。

（2）联合项目办

a. 根据中方项目实施单位确定的采购内容和方法开展采购工作。

b. 负责编制和更新项目采购计划。

c. 负责编制招标文件及其补遗和修改，并报中方项目实施单位审查。

d. 负责组织评标小组进行评标审查工作，并将评标结果报中方项目实施单位审批。

e. 负责与中标企业签订合同，并进行合同管理工作。

f. 处理采购投诉并保存投诉记录。

（3）村级项目实施小组

a. 配合联合项目办开展采购工作，参与有关工程的验收和检查工作。

b. 负责组织实施本村开展的社区参与式采购工作，包括社区参与询价采购，社区参与自营和社区参与直接签订合同，并负责与农户签订项目实施协议。

c. 监督、检查采购货物及时落实到户。

d. 组织示范项目村农民参与自营工程的实施，对投工投劳的参加人员、投入时间和工作量进行登记。

3.3 土建工程和货物的采购

受援国当地的土建工程和货物采购，根据不同的限额，采用竞争性招标、询价采购、社区参与式采购和直接采购四种方式。其中竞争性招标、询价采购和社区参与式采购采用最低响应价中标的原则。工程采购结果须经由中方项目实施单位审核，报中国国际扶贫中心审核并报商务部国际经济合作事务局审批。具体规定详见表 3–1。

表3-1　　土建工程和货物的采购方式

支付类别	采购方式	限额
1. 土建工程	ICB（国际竞争性招标）	大于或等于 200 万美元
	NCB（国内竞争性招标）	大于或等于 30 万美元
	SP（询价采购）	30 万美元以下
	CP（社区参与式采购）	根据项目内容设定
	DC（直接采购）	中方实施单位特许
2. 货物	ICB（国际竞争性招标）	大于或等于 100 万美元
	NCB（国内竞争性招标）	大于或等于 15 万美元
	SP（公开询价采购）	低于 15 万美元
	CP（社区参与式采购）	根据项目内容设定
	DC（直接采购）	中方实施单位特许

本项目没有超过 200 万美元的土建工程和超过 100 万美元的货物采购，因此不涉及国际竞争性招标采购。

（1）国内竞争性招标（NCB）：单个项目合同金额超过 30 万美元的土建工程和超过 15 万美元的货物，采用国内竞争性招标（NCB）的方式，由联合项目办在受援国境内进行采购，允许受援国当地的企业和在受援国当地有分支机构的中资企业进行投标。

（2）询价采购（SP）：单个项目合同金额不超过 30 万美元的土建工程和不超过 15 万美元的货物，可以通过公开询价的方式进行采购。原则上询价采购（SP）需要在 1 家县级以上媒体发布采购公告，公告时间不能少于 14 天，并通过公开议标的方式对供货人或工程承包单位（至少 3 家）提供的报价进行比较，从中确定供货人或工程承包单位。微小合同或特殊采购等不需要发布采购公告的，需要事先在采购计划中注明，并得到中方项目实施单位的批准。

（3）社区参与式采购（CP）：农户生计改善项目下的牛、羊等牲畜采购，水稻、玉米等种子采购，农民合作组织所需物资和小型工程等，因采购总量较小，且地域性要求和群众意愿依赖性较强，可采用社区参与式的采购方式，在联合项目办和中方技术专家的指导下，由村级项目实施小组负责组织实施，受益农户参与。

社区参与式采购（CP）由村级项目实施小组制定实施方案，在通过联合项目办审查后，由项目村或村级项目实施小组和联合项目办签署实施协议。参与式采购的项目验收工作将由联合项目办、技术专家和村级项目实施小组一起完成。

（4）直接采购（DC）：直接采购允许不通过上述的竞争方式选择承包商、供货商。这种方式适用于只有一家承包商或供应商的采购内容，常见现象如在偏远地区、遇有紧急情况、需要采用一定的特殊技术、实施重复的延续性采购等。直接采购的合同价格不得高于当地市场价格或采购计划中的估算价格。直接采购在实施前，须说明理由并提供证明材料，经中方项目实施单位审查，报中国国际扶贫中心审批。

3.4 咨询服务采购

咨询服务采购根据不同的限额，采用基于质量和费用的选择、基于资历的选择、个人咨询专家选择和单一来源选择 4 种方式，具体采购方式的限额如下表 3–2 所示。

表3-2 咨询服务的采购方式

支付类别	采购方式	限额
咨询服务	QCBS（基于质量和费用的选择）	等于或大于 20 万美元
	CQS（基于资历的选择）	20 万美元以下（机构）
	IC（个人咨询专家选择）	
	SSS（单一来源选择）	中方实施单位特许

本项目目前采购计划中所需采购的单个咨询服务合同估算均不超过 20 万美元，因此不涉及基于质量和费用的选择方式（QCBS）。

3.5 采购计划

每年年底之前，中方项目实施单位和联合项目办一起研究确定下一年度的采购计划，并报中国国际扶贫中心审批。在中国国内采购的内容，由中方项目实施单位组织实施；在受援国当地采购的内容，由联合项目办组织实施，并接受中方项目实施单位的监督和检查。如果联合项目办在实施过程中需要对年度采购计划进行修改，须报中方项目实施单位审查，中国国际扶贫中心审批，并获得不反对意见函后，才能按照新的采购计划实施。采购计划格式请参见附表 1。

4.财务管理

4.1 财务管理原则

本项目资金来源为中国政府向受援国提供的无偿援助资金，同时受援国应该安排一定数量的配套资金，用于受援国项目管理人员的管理经费支出。

本项目的相关实施单位要建立专门的财务管理制度，安排专门的财务管理人员，对项目资金进行专账管理，确保项目资金做到专款专用，进一步提高项目资金使用效率，杜绝任何单位和个人违规使用或挪用项目资金。

4.2 财务管理机构和职责

中方项目实施单位和联合项目办配备专门的财务管理人员和出纳各 1 名。不同部门的财务管理职责如下。

（1）中方项目管理机构

a. 定期对中方项目实施单位和联合项目办的资金使用情况进行检查。

b. 进行本级管理费的管理和核算工作。

（2）中方项目实施单位

a. 向中国商务部申请办理援助资金支付手续。

b. 审查联合项目办提交的资金回补申请，向联合项目办支付援助资金。

c. 按照本项目《会计核算办法》，核算和管理在中国国内支付的援助资金。

d. 定期对联合项目办财务状况进行检查，定期向中国国际扶贫中心上报财务报告，并接受中国国际扶贫中心的检查。

（3）联合项目办

a. 根据合同支付条款，向承包商、供货商或服务商办理支付手续。

b. 按照本项目《会计核算办法》，核算和管理在受援国境内支付的援助资金。

c. 根据资金使用进度，向中方项目实施单位提交资金回补申请书，办理资金回补手续。

d. 定期向中方项目实施单位上报财务报告，并接受中方项目实施单位和中国国际扶贫中心的检查。

4.3　资金支付程序

（1）在中国境内由中方项目实施单位采购和发生的费用，根据项目合同条款和支付申请，通过一级账户直接支付给承包商、供货商或服务商。

（2）项目启动，并且中方项目实施单位发布成立联合项目办的批文后，中方项目实施单位向联合项目办在受援国当地开设的二级银行账户拨付 200 万元人民币（或 30 万美元）的周转金。

（3）在受援国当地采购的项目合同，将按照项目合同签约币种，使用二级银行账户办理结汇手续，直接支付给承包商、供货商或服务商。通过二级银行账户的所有支付都需要经过联合项目办主任签字授权。

（4）联合项目办可根据周转金使用进度情况，向中方项目实施单位提交申报资金回补的提款申请书和费用报表，同时附项目证明材料的复印件，申请资金回补。中方项目实施单位在对资金回补申请书进行审查后，将合格费用支付到二级银行账户。提款申请书和费用报表的格式请参见附表 6《提款申请书》和附表 7《提款申请费用报表》。申请资金回补时需要提供的证明材料如下。

a. 项目合同。

b. 工程验收报告。

c. 货物验收单。

d. 有效票据。

4.4 银行账户管理

本项目中方无偿援助资金将采用两级银行账户的管理模式，即在中国境内开设的一级银行账户和在受援国当地开设的二级银行账户。

项目正式生效后，中方项目实施单位在中国境内开设或指定一个专门的人民币基本银行账户，作为本项目的一级银行账户。一级银行账户主要用于支付由中方项目实施单位在中国境内采购和支付的费用，并向二级银行账户支付项目周转金和回补资金。

受援国当地的二级银行账户以联合项目办的名义，在受援国当地银行开设，可根据需要采用人民币或者美元作为存款币种。二级银行账户必须是本项目的专用账户，只能用于本项目援助资金的存储。二级银行账户用于支付在受援国当地采购的合同费用。需要使用其他币种支付的费用，在支付时按照受援国当地银行公布的汇率直接结汇支付。

本项目下需要支付给承包商、供货商和服务商的所有费用，都要通过一级账户或二级账户直接支付，不得经由任何其他银行账户周转。

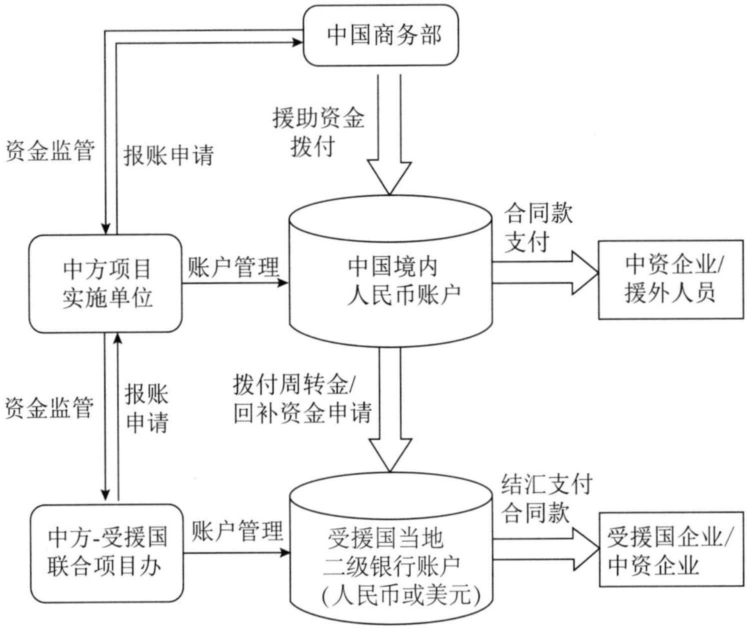

图4-1 项目资金拨付流程图

5.项目管理和验收

5.1　项目检查

中国国际扶贫中心作为本项目中方的协助管理机构，每半年组织专家团队进行一次项目现场检查，对项目的进展情况、资金使用情况和采购情况进行检查，并就项目实施中遇到的问题，与受援国主管部门进行协商。

5.2　项目调整

项目实施内容和方案的调整，由联合项目办编制项目投资内容调整申请报告，报中方项目实施单位审查。审查通过后，由中方项目实施单位报中国国际扶贫中心审核，通过后报商务部国际经济合作事务局审批。

项目建设方案的重大设计变更，由联合项目办编制详细的设计方案和项目实施方案调整申请报告，报中方项目实施单位审查。中方项目实施单位组织专家组对新的设计方案进行评审，通过后报中国国际扶贫中心审核，最后报商务部国际经济合作事务局审批。

5.3　单项工程管理

单个合同金额达到30万美元及以上的土建工程，由中方项目实施单位指派符合资质要求的中国工程管理公司负责工程管理工作，具体包括工程设计审查、工程施工管理和工程监理、工程技术验收等工作，工程管理公司同时将协助联合项目办对施工单位提出的支付申请进行审查。施工单位必须接受工程管理公司的监督和管理。

对于单个项目合同金额在30万美元以下的土建工程，可根据具体情况选择由工程管理公司管理，或采用村民参与的管理和验收方式。参与式工程管理由联合项目办牵头负责，成立工程监督检查小组，成员包括联合项目办管理人员、有关技术专家和村级项目实施小组的成员。同时，村级项目实施小组将委派专人对工程现场质量和施工进度进行监督，工程承包商要每个月向工程监督检查小组提交工程施工进度报告。工程监督检查小组对工程检查中发现的问题，有权要求承包商进行整改，整改方案须报联合项目办审批，并在示范项目村里进行公示。

土建工程项目验收采取联合项目办为验收主体、村级项目实施小组协助的形式，工程验收单须同时由承包商、联合项目办负责人、村级项目实施小组组长、工程管理公司或工程监督检查小组负责人签字确认，方可申请项目资金支付。

5.4 项目整体验收

项目整体竣工后 3 个月内，联合项目办要向中方和受援国项目实施单位提交项目竣工报告。中方项目实施单位向商务部国际经济合作事务局和中国国际扶贫中心提交整体项目竣工报告。

商务部国际经济合作事务局和中国国际扶贫中心负责组织专家组，和受援国项目实施单位一起，以政府间协议、对外实施协议、实施合同、技术援助方案等为主要依据，对项目的人力资源开发、智力支持、技术服务和转让、管理工作的实物工作量、智力成果和援助项目进行综合评估，对联合项目办的履约情况和专家服务情况进行确认，对附带物资设备和工程服务进行核验和验收，最终对技术援助目标的实现做出合格或不合格的验收结论。

5.5 信息公开

本项目主要信息应公开和公示，主要内容如下。

（1）项目实施前，在项目村告示牌张贴项目基本情况和投诉受理人及其通讯地址、联系电话、传真和电子邮件地址。投诉受理人发生变更后，应以各种方式更新投诉信息，并及时告知有关各方。

（2）在项目村告示牌公示社区参与式采购的实施方案、采购公告、采购结果信息。

（3）按照本项目《采购管理办法》的要求，至少在一个县级以上媒体发布招标信息。

（4）在项目村告示牌公示所有单项工程验收报告。

5.6 投诉机制

本项目建立多级投诉机制，中方项目实施单位、联合项目办都应指定专人担任投诉受理人。投诉受理人在接到投诉后，应立即进行详细完整的登记，并完整记录投诉受理过程、处理结果及相关资料。原则上应在30个工作日之内完成对投诉的处理，将处理结果反馈给投诉人，并在相关项目村进行公示。投诉受理人要对投诉人信息严格保密，禁止将投诉人信息告知被投诉人。

联合项目办需每个月将投诉信息和处理方式汇总后，报中方项目实施单位，中方项目实施单位有权对投诉意见进行重新复查。

6.项目监测评价

6.1 项目监测评价工作的目的和意义

项目监测评价是现代项目管理的重要组成部分，是监测项目实施过程、评价项目发展目标是否实现的重要工具。本项目具有建设内容综合、复杂、多样化，项目影响涉及面广的特点，在项目管理中建立一套有效的监测评价体系，具有很重要的现实意义和影响。主要体现为如下几方面。

（1）实时监测项目的采购、财务、工程建设等进度，为制定和调整项目实施计划提供依据。

（2）定期监测和评价项目的实施效果，为项目的绩效评价、财务分析等提供依据。

（3）为提高项目的示范性积累资料和经验，为项目减贫经验在受援国的进一步推广提供支持。

6.2 监测内容

本项目的监测评价体系分为内部监测和外部监测。内部监测由中方项目实施单位和联合项目办根据项目实施的情况进行统计，并定期在项目进度报告中进行描述；外部监测将采购受援国当地一个独立的第三方咨询机构，根据调查方案，对项目的产出、影响和各利益相关者的满意度进行调查，每年编写一次项目监测评价报告。

本项目的监测内容包括：项目产出指标监测、项目影响指标监测和满意度调查。具体内容如下表 6–1 所示。

表6-1　　监测指标分类表

监测指标	监测对象及方法	监测频次	负责单位
1. 项目产出指标监测	MIS 系统数据和现场调查相结合	每半年一次	联合项目办
2. 项目影响指标监测	分别对项目村和对比村进行调查，分基线调查和实施期调查	实施期每年一次	第三方监测机构
3. 项目满意度调查	对 6 个项目村及相关管理部门抽样调查	项目完工后 3 个月内	第三方监测机构

（1）项目产出指标监测

本项目的投资内容包括乡村基础设施建设、农村公共服务、农户生计改善和能力建设等。根据项目的具体建设内容，设置了以下项目产出指标，由联合项目管理办公室每半年进行监测和统计。

表6-2　　东亚减贫项目产出指标监测表

项目	项目产出指标	单位	实际完成值		
			第一年	第二年	第三年
1. 乡村基础设施建设	1.1 建设灌溉排水工程	项			
	1.2 建设农村饮水工程	项			
	1.3 修建乡村道路	米			
	1.4 修建道路桥梁	座			
	1.5 修建村垃圾设施	座			
2. 农村公共服务	2.1 新建改建小学学校	个			
	2.2 新建改建学校建筑面积	平方米			
	2.3 新建改建村级卫生室	个			
	2.4 新建改建村卫生室建筑面积	平方米			
	2.5 新建改建村其他文化设施	座			

续表

项目	项目产出指标	单位	实际完成值		
			第一年	第二年	第三年
3. 农户生计改善	3.1 本项目生计扶持的户数	户			
	其中：种植业生计改善的户数	户			
	畜牧业生计改善的户数	户			
	其中：养牛	头			
	养羊	只			
	养猪	头			
	养鸡	只			
	3.2 组建农民协会（合作社）数量	个			
	3.3 参加农民协会（合作社）的户数	户			
	3.4 参加农民协会（合作社）的贫困户数量	户			
4. 能力建设	4.1 参加技术技能培训的村民数量	人次			
	4.2 参加管理培训的官员数量	人次			
	4.3 参加境外考察的人员数量	人次			

注：以上监测指标为参考性指标，各项目实施单位可根据项目内容适当调整。

（2）项目影响指标监测

项目影响指标，主要关注通过本项目的建设实施，对项目区经济、社会、环境等方面产生的影响，以及对当地扶贫产生的示范带动作用。

为了更客观地反映东亚减贫项目的效果和影响，实现项目横向对比评价，项目影响指标不仅要在示范项目村进行监测，还要在本项目每个受援国的示范项目村附近，即非项目区，选择一个自然条件、社会经济和生产规模都与示范项目村比较接近的村作为对比监测村，按照同样的指标进行跟踪调查。

表6-3　东亚减贫项目影响指标监测表

	项目产出指标	单位	项目村（名称）				对比村（名称）			
			基线数据	实际完成值			基线数据	实际完成值		
				第一年	第二年	第三年		第一年	第二年	第三年
村基本情况	1. 村户数	户								
	2. 村人口数	人								
项目影响	3. 贫困户数量	户								
	贫困户所占比例	%								
	4. 村耕地面积	公顷								
	其中：水田面积	公顷								
	5. 得到有效灌溉的农田面积	公顷								
	6. 年人均纯收入	美元 / 年								
	其中：种植业纯收入	美元 / 年								
	养殖业纯收入	美元 / 年								
	加工业纯收入	美元 / 年								
	外出打工收入	美元 / 年								
	7. 农民协会当年能够盈利的个数	个								
	当年盈利的农民协会所占的比例	%								
	8. 主要农作物产量									
	水稻	吨 / 公顷								
	旱稻	吨 / 公顷								
	…									

续表

	项目产出指标	单位	项目村（名称）				对比村（名称）			
			基线数据	实际完成值			基线数据	实际完成值		
				第一年	第二年	第三年		第一年	第二年	第三年
	9. 畜牧业									
	牛：全年养殖规模	头								
	全年出售商品牛	头								
	羊：全年养殖规模	只								
	全年出售商品羊	只								
	猪：全年养殖规模	头								
	全年出售商品猪	头								
	小家禽：全年养殖规模	只								
	全年出售商品小家禽	只								
	10. 使用安全饮用水的村民户数	户								
	11. 使用供电照明的户数	户								
	12. 接待学习参观数量	人次					—	—	—	—
	13. 适龄儿童小学中学入学率	%								
	14. 当年就医率	%								

注：以上监测指标为参考性指标，各项目实施单位可根据项目内容适当调整。

（3）项目满意度调查

在项目完工后3个月以内，项目第三方监测机构对项目各方面参与人员进行满意度调查，对示范项目村的调查范围不能少于村民总户数的50%，对贫困户的调查不能少于贫困户总数的80%。

表6-4　　示范项目村满意度调查表

调查对象	调查项目	调查结果		
		调查人数	满意人数	满意比例
对村民的满意度调查	村民对项目采购公平性满意的比例			
	贫困户对项目采购公平性满意的比例			
	村民对工程质量满意的比例			
	村民对技术技能培训满意的比例			
	村民对生活改善满意的比例			
	村民对项目实施效果满意的比例			
对官员的满意度调查	对项目管理模式满意的比例			
	对项目实施效果满意的比例			
	认为减贫经验具有示范性和推广价值的比例			

6.3 定点农户的选择和调查

为了能够对本项目的影响和效益进行精确的分析，除了对示范项目村开展全面的统计和调查之外，还将在示范项目村按照全村总户数5% ~ 10%的比例（3000人以上的大村取下限，3000人以下的小村取上限），来选择和确定定点农户进行跟踪调查，保持三年内稳定不变。定点农户要具有代表性，即根据定点农户采集到的监测数据，通过统计分析，可获得能代表整个示范项目村的基本数据与指标。为此，定点农户要从全村富裕、中等及贫困户三个类别中等比例随机选择，选出的定点农户，要能够涵盖项目各项建设内容实施后受益户的代表。

7.工作报告制度

为了加强项目的管理工作，及时掌握项目情况，联合项目办和中方项目实施单位需要按照下面要求定期提交相关报告，并形成工作制度。

（1）联合项目办

a. 在项目正式启动第 1 年内，根据项目的监测评价方案，提交基线监测评价报告。基线监测评价报告将由第三方监测机构进行调查和编写，联合项目办进行审查。

b. 每月结束后的 10 天内，向中方项目实施单位提交项目实施进度简报，对实施的项目内容进行汇报，包括采购实施情况、项目活动开展情况、资金支付进度、村民对项目实施情况的反映等。

c. 每半年结束后的 30 天内，向中方项目实施单位提交财务报告。

d. 每年 2 月底之前，提交中方项目实施单位上一个年度的项目进展情况报告。

e. 每年 2 月底之前，提交上一个年度的项目监测评价报告。项目监测评价报告将由第三方监测机构进行调查和编写，联合项目办进行审查。

f. 项目完工后的 3 个月内，提交项目完工报告，对实施的项目内容进行总体验收，并对整个项目的实施效果进行评价。

表7-1　　联合项目办工作报告职责

序号	报告名称	提交时间	负责单位
1	基线监测评价报告	项目正式启动第 1 年内	第三方监测机构提交联合项目办
2	项目月进度简报	每月结束后的 10 天内	联合项目办
3	半年财务报告	每半年结束后的 30 天内	联合项目办
4	项目进展情况半年报告 / 年度报告	每年 7 月 31 日之前和 1 月 31 日之前	联合项目办
5	项目监测评价报告	每年 2 月底之前	第三方监测机构
6	项目完工报告	项目完工后的 3 个月内	联合项目办

（2）中方项目实施单位

a. 每年 12 月 31 日之前，向中国国际扶贫中心提交下一年度的年度项目实施计划。

b. 定期、按时向商务部国际经济合作事务局和中国国际扶贫中心提交工作简报，必要时应向商务部国际经济合作事务局和中国国际扶贫中心提交专题报告。其中：项目准备阶段每半月报送项目情况，执行过程中每月报送项目实施情况。

c. 每半年结束后的 45 天内，向中国国际扶贫中心提交项目实施进度报告，对项目总体进展情况进行汇报；

d. 每半年结束后的 45 天内，向中国国际扶贫中心提交财务报告。

e. 项目完工后的 3 个月内，提交项目的完工报告，并对整个项目的实施效果进行总结。

表7-2　中方项目实施单位报告职责

序号	报告名称	提交时间
1	技术援助实施方案	项目实施之前
2	年度实施计划	每年 12 月 31 日之前
3	项目月进度简报	每月结束后的 10 天内
4	半年 / 年度进度报告	每半年结束后的 45 天内
5	半年 / 年度财务报告	每半年结束后的 45 天内
6	项目完工报告	项目完工后的 3 个月内

8.档案管理

本项目所称的档案资料是指东亚减贫示范项目自启动实施至整体项目完工移交期间，各级项目实施机构在项目实施活动中，所产生的有保存价值的各种文字、图表、账册、凭证、报表、技术资料、电脑盘片、声像、照片等原始资料。通过档案资料记录项目的全过程，便于今后的项目总结和研究。本项目的档案管理将充分利用信息化技术，通过 MIS 系统对主要档案的电子版、扫描件进行保存，便于查阅；同时将纸质档案在档案柜中归档保存。各级项目管理机构成员均有保护档案资料的义务。档案资料管理工作按照统一领导、分级保管、分级查阅的原则进行管理。

各级项目档案资料管理工作由项目实施单位和联合项目办在所在办公场所进行归档保存，并指定专人负责接收、收集、整理、立卷、保管档案工作。项目实施单位对联合项目办有指导、监督档案管理工作的义务和责任。

本项目档案需要按照不同的档案类别进行归档保存。

8.1 采购类档案

（1）从采购计划、采购方案及其审批件起，至采购验收报告和商业发票止，采购过程的所有原始记录、往来函件、报告及批复、公告、公示、投诉处理等原件或复印件，均应归档为采购档案，按采购合同分卷保管。所有采购档案需要按照单项工程或合同整理归档。

（2）参与式采购方式需要归档保存的资料包括：项目实施方案，工程预算，工程决算，资金发放单，相关货物采购资料及支付凭证，工程验收报告，参与农户的花名册和签字表。

（3）询价采购方式需要归档保存的资料包括：询价单，报价响应单（三家以上），询价评审报告，合同，发票，货物初验收单及货物入库单，分发领用单，货物终验单，工程验收报告和决算报告。

（4）国内竞争招标方式需要归档保存的资料包括：招标公告，招标文件，投标函（所有投标人），评标报告，中标通知书，合同，工程设计和预算书，决算报告和发票，验收报告。

（5）直接采购方式需要归档保存的资料包括：采购审批文件，直接采购文件（含货物需求一览表或工程设计、工程量清单和预算书），供货或施工方的响应单（含货物技术规格及报价或工程施工方案和工程量报价），直接采购评审报告，合同，发票，货物验收单或工程决算报告及验收报告。

（6）咨询服务需要归档保存的资料包括：咨询服务征询文件，包括邀请信、任务大纲、咨询顾问响应信及资历表，评审报告，合同，支付凭证及咨询服务验收报告。

8.2 财务类档案

（1）按照本项目《财务管理办法》要求，在申请援助资金时提交的所有报账资料。

（2）社区参与项目的有关项目验收单、结算单及项目进度表、项目活动清单。

（3）招标采购项目：合同、发票、工程验收单、物资验收（领用）单等。

（4）询价采购（包括工程和货物）项目：合同、发票、工程验收单、物资验收（领用）单等。

（5）咨询服务：咨询合同、发票等。

（6）其他有关项目及项目管理发生的各种费用支出凭证等。

表8-1 财务档案明细表

序号	档案名称		
1	会计凭证类	原始凭证、记账凭证、汇总凭证、其他凭证	
2	会计账簿类	总账	
		日记账	现金日记账和银行存款日记账
		明细账	凡会计科目表中的明细科目都应设置明细账
		辅助及备查账簿	项目完成及验收登记簿（或称项目账）、公物财产登记簿、其他备查账簿
3	财务报告类	月、季、年度财务报表 财务报告、财务情况说明书	
4	报账类	项目实施单位确认的项目进度、提款报账表；其他报账有关材料	
5	电子数据	MIS 系统的数据存储媒介等	
6	其他类	会计移交清册、会计档案保管清册、会计档案销毁清册、银行余额调节表、银行对账单、其他财务资料	
7	审计	审计结论报告	

8.3 项目管理类档案

（1）项目前期准备资料，主要是村级规划和其他调查摸底资料（社区基本材料等）。

（2）项目立项报告、批复、承诺函、技术标准、投资概算。

（3）项目管理制度：各级项目执行单位出台的项目实施手册、采购管理办法、财务管理办法等。

（4）监测资料：监测评价机构上报的项目村监测报表、监测报告，农户跟踪年度调查表。

（5）各级项目管理的机构及其编制、岗位、人员情况、岗位职责、考核制度、考勤制度、机关管理制度等。

（6）各级项目管理机构印发的文件、资料等。

（7）项目投诉及其处理过程与结果的记录材料。

8.4 智力成果类档案

按照中国商务部《对外技术援助管理办法》的规定，项目实施单位在开展各种项目活动时，所形成的一切有价值的精神财富或智力产品，包括使用本项目援助资金聘请第三方咨询机构开展活动所形成的智力产品，均属于本项目的智力成果，需要进行系统整理和归档，并形成书面材料报送中方项目管理机构和商务部。未经中方项目管理机构和商务部批准，项目实施单位无权对外转让、公开本项目技术成果，或许可其他单位和个人使用智力成果。

属于本项目智力成果的内容包括但不限于如下内容。

（1）技术建议书、项目管理手册、项目实施方案、咨询报告、分析研究报告、论文、课程讲义等资料。

（2）专利、专有技术、实用技术、版权等知识产权成果。

（3）有经济和技术价值的操作规程、工艺流程、工作程序、实施模式和管理经验等技术解决方案。

8.5 档案借阅

因工作需要借阅文档的，应填好档案查阅单，任何人员不得随意外带项目重要文件材料，确因工作需要外带，需办理档案外借手续，经该级项目管理机构负责人核准后，方可带出，用毕即归还。阅档人对所借阅档案必须妥善保管，不得私自复制、调换、涂改、污损、画线等，更不能随意乱放、遗失。各级项目管理机构对所有有价值的文件、报表、业务记录等必须备份。

8.6 项目记录要求

为实现项目动态变化的静态记录，要求记录项目实施前的项目村面貌，如通过照片或者录像形式记录示范项目村原貌，或者通过采访记录反映农户对于原来项目村的评价。在项目实施过程中，任何项目活动，包括各种培训、检查以及项目村自发的项目建设活动、选举活动、讨论活动、公示情况等都要有记录。鼓励实现项目建设后与项目实施前的记录场景对比，如同一地点项目实施前后的变化等。

附件 2　东亚减贫示范合作技术援助项目会计核算办法

1. 为了规范东亚减贫示范合作技术援助项目的会计核算工作，加强项目资金管理，根据商务部、财政部《对外援助成套项目和对外技术援助项目财务管理办法》和《国有建设单位会计制度》等有关规定，结合援外乡村减贫项目的管理模式和特点，中国国际扶贫中心特制定本《会计核算办法》。本《会计核算办法》适用于东亚减贫示范合作技术援助项目中方项目实施单位对项目援助资金的核算和管理。

2. 按照商务部《对外援助成套项目和对外技术援助项目财务管理办法》的要求，中方项目实施单位应对本项目援助资金进行单独记账、单独核算。中方项目实施单位应该按照中国《会计法》要求指定会计主管人员，会计主管人员应具有会计从业资格。

3. 本项目会计制度原则采用权责发生制，会计记账采用借贷记账法。以会计科目为主体，以“借”“贷”为记账符号，有借必有贷，借贷必相等。做到账账、账据、账实、账表相符一致。

4. 会计年度自每年公历 1 月 1 日起至 12 月 31 日止。以人民币为记账本位币，与外币业务相关的科目，将同时进行美元或当地货币的辅助核算。会计核算以“元”为记账单位，元以下计至分。

5. 中方项目实施单位应按本《会计核算办法》的规定，设置和使用会计科目。一级科目原则上不得变动。对明细科目的设置，除本《会计核算办法》已有规定外，中方项目实施单位在不违反有关财务制度和会计核算要求的前提下，可以根据需要，自行规定。

本《会计核算办法》统一规定会计科目的编号，以便于编制会计记账凭证、登记账簿、查阅账册，实行会计电算化。中方项目实施单位在填制会计凭证、登记账簿时，应填列会计科目的名称，或者同时填列会计科目的名称和编号，不能只填科目编号，不填科目名称。

6. 中方项目实施单位应每半年向中国国际扶贫中心报送下列项目财务报表。

（1）资金平衡表

（2）项目进度表

（3）援助资金使用情况表

（4）专用账户收支表

向外报出的会计报表应依次编定页数，加具封面，装订成册，加盖公章。封面上应注明：项目单位名称、项目名称及编号、项目开工年份、报表所属年度、月份、送出日期等，并由中方项目实施单位负责人和主管会计工作的负责人、会计机构负责人（会计主管人员）签名并盖章；设置总会计师的单位，还须由总会计师签名并盖章。

7. 本《会计核算办法》由中国国际扶贫中心负责解释，需要变更时，由中国国际扶贫中心修订。

会计科目表

资金占用类科目							
一级科目编码	一级科目名称	二级科目编码	二级科目名称	合同核算	往来单位核算	美元核算	当地货币核算
101	技术合作	10101	技术援助人员费	√		√	√
		10102	现场条件费	√		√	√
		10103	宣传费	√		√	√
		10104	项目管理费	√		√	√
		10105	协助管理费	√		√	√
		10106	补贴调增费	√		√	√

续表

资金占用类科目

一级科目编码	一级科目名称	二级科目编码	二级科目名称	合同核算	往来单位核算	美元核算	当地货币核算
102	培训	10201	当地培训	√		√	√
		10202	来华培训	√		√	√
103	附带物资	10301	办公设备	√		√	√
		10302	车辆	√		√	√
		10303	技术物资	√		√	√
104	附带工程	10401	工程直接费	√		√	√
		10402	勘察设计费	√		√	√
		10403	工程其他费	√		√	√
105	汇兑损益					√	√
111	交付使用资产	1110101	固定资产				√
		1110102	流动资产				√
		1110103	无形资产				√
		1110104	递延资产				√
		1110105	管理费支出				√
		1110106	其他支出				√
201	固定资产						√
232	银行存款	23201	人民币账户				√
		23202	美元账户				√
		23203	当地货币账户				√
233	现金	23301	人民币				√
		23302	美元				√
		23303	当地货币				√
241	预付合同款			√	√		√
242	应收合同款			√	√		√
252	其他应收款	25201	内部单位应收款		√		√
		25202	个人应收款				
262	拨出援助资金	26201	拨出人民币		√		√

续表

资金占用类科目							
一级科目编码	一级科目名称	二级科目编码	二级科目名称	合同核算	往来单位核算	美元核算	当地货币核算
		26202	拨出美元		√	√	√
		26203	拨出当地货币		√	√	√
资金来源类科目							
一级科目编码	一级科目名称	二级科目编码	二级科目名称	合同核算	往来单位核算	美元核算	当地货币核算
301	援助资金	30101	人民币				√
		30102	美元			√	√
		30103	当地货币			√	√
302	其他资金	30201	人民币				√
		30202	美元			√	√
		30203	当地货币			√	√
331	应付合同款			√	√		√
352	其他应付款	35201	内部单位应付款	√	√		√
		35202	个人应付款	√	√		√
401	留成收入						√

会计科目说明

A.资金占用类科目

第101号科目：技术合作

1. 本科目核算中方项目实施单位发生的构成项目支出的技术合作方面的实际成本，包括技术援助专家人员费、现场条件费、宣传费、项目管理与监测费、协助管理费、艰苦地区补贴调整费。

（1）技术援助人员费，包括援外人员待遇费用、现场雇佣人员费用、中国技术人员管理费和人员其他费用等。

中国派出援外专家和技术人员的待遇应遵照中国财政部的有关援外出国人员待遇标准执行。当地劳工或专家和技术人员的工资和福利根据当地实际费用标准执行，应符合受援国有关法律法规的规定。

项目实施过程中可能发生的、援外人员待遇以外的与派遣组织现场人员有关的其他一切费用，包括但不限于国内工资、津贴、补贴、派遣动员费、保险费、国内外差旅费、签证费、人员管理费等，均作为人员其他费用进行核算。

（2）现场条件费，是指中国派遣的援外专家或技术人员在受援国当地所发生的住宿费（含房租、水、电、家具、电器等）、办公费（含房租、通讯、网络等）、交通费（含租车、燃油、保险等）、反恐措施费等，或者项目实施过程中可能发生的其他一切现场条件及管理费。

（3）宣传费，是指在宣传推广中国减贫经验时所发生的相关费用。

（4）项目管理和监测，包括中方项目实施单位的项目管理费、监测评价费、数据分析和整理费、中期调整和评估费、项目完工报告编制费等。

（5）协助管理费，在本项目中特指中国国际扶贫中心协助管理费。

（6）艰苦地区补贴调整费，是指根据《财政部关于调整援外出国人员艰苦地区补贴标准的通知》（财行〔2016〕12号），所应调增的中国派出援助专家和技术人员的补贴费用，该部分费用将在履行完相关手续后办理结算。

第102号科目：培训

1. 本科目核算项目实施单位所组织的在受援国当地的培训或来华培训所发生的培训费、接待费、国际差旅费、培训资料费、毕业证书制作费、管理费、税费及其他相关支出，也包括组织项目研讨交流总结会所发生的费用支出。

邀请受援国相关人员来华培训发生的费用，相关标准应参照财政部《举办援外培训班费用开支标准和财务管理办法》（财行〔2008〕2号）的规定。

第103号科目：附带物资

1. 本科目核算项目实施单位发生的构成项目建设投资支出的各种设备的实际成本，包括车辆、办公设备和项目建设所需要的各种物资、设备和器具。附带物资在项目实施过程中需要细分为专家物资（固定资产、消耗品）、零配件和技术物资，进行分类管理，其中各分类如下。

专家物资，主要是为满足中方技术援助专家在受援国执行援助任务时的工作和生活需要而提供的交通车辆、办公设备、耐用消费品和一般消费品等物资，按固定资产和消耗品分别进行管理。

专家物资项下使用援款单独购置并按固定资产进行管理的交通车辆、办公设备以及耐用消费品的产权归受援方所有，在技术援助项目执行期间由中方专家使用和管理。

零配件，主要是指技术援助项目项下为保证相关技术设备、装备恢复功能或长期使用所提供的合理数量的易损件、备件、配件或维修工器具等。

技术物资，是指技术援助项目项下使用援款单独购置且用于实现技术援助目标的各类技术设备、装备、器材及生产物资等。

2. 项目实施单位收到采购的物资和设备到指定地点，并经验收合格，就可以计算投资完成额，借记本科目，贷记“应付设备款”科目。

3. 使用援助资金所采购的物资，产权归受援方所有，在项目实施期间需要由中方专家使用和管理的，项目完成后，需要移交给受援方主管部门或下一期技术援助项目组，并按照相关规定办理移交确认手续。

在将物资交付受援国当地使用单位时，借记“交付使用资产”科目，贷记本科目。

第104号科目：附带工程

1. 本科目核算项目中建设建筑工程和安装工程所发生的工程直接费、临时设施费、勘察设计费、工程监理费和工程其他费用。

（1）工程直接费，指的是构成项目建设工程支出的建筑工程和安装工程的实际成本，不包括被安装设备本身的价值及按照合同规定付给施工企业的预付工程款和预付设备款。

建筑工程包括各种房屋及建筑物；设备的基础、支柱、工作台、梯子等建筑工程、金属结构工程；道路、桥梁等工程；堤坝、灌渠、管道等水利工程；为施工而进行的建筑场地布置，原有建筑物和障碍物的拆除，土地平整、设计中规定为施工而进行的工程地质勘探，以及工程完工后建筑场地的清理和绿化工作等。

安装工程包括各种需要安装设备的装配、装置工程，与设备相连的工作台、梯子、栏杆的装设工程，被安装设备的绝缘、防腐、保温、油漆等工程。

（2）临时设施费，核算按规定拨付给承包商的临时设施包干费，以及自营工程所发生的临时设施实际支出。临时设施费的内容按规定包括：临时设施的搭设、维修、拆除费或摊销费，以及施工期间专用公路养路费、维修费。

（3）勘察设计费，核算自行或委托勘测设计单位进行工程水文地质勘测、设计所发生的各项费用。

2. 中方项目实施单位收到工程承包单位提交的《工程款支付申请书》支付工程款时，借记本科目，贷记“应付工程款”科目；将预付的工程款扣减应付工程款，借记“应付工程款”科目，贷记“预付工程款”科目。上述业务也可以合并为借记本科目，贷记“预付工程款”“应付工程款”科目。

3. 工程竣工，办妥竣工验收交接手续交付受援国当地使用单位时，借记“交付使用资产”科目，贷记本科目。

第105号科目：汇兑损益

汇兑损益是指在使用美元或当地货币结算时所产生的按照规定应该计入交付使用成本的各种汇兑损益。按照援外项目的具体实施情况，汇兑损益包括交易汇兑损益、合同折算汇兑损益和期末调整汇兑损益。

交易汇兑损益，是指外币的实际结算汇率与记账汇率不同而产生的汇兑损益。例如：项目实施单位在收到工程承包单位提交的《工程款支付申请书》时，按照权责发生制的原则，按业务发生当日或者当期期初的市场汇率把外币金额折算为记账本位币入账，贷记“应付工程款”科目；在实际支付外币合同款时，按照支付当日银行实际结算汇率折算本位币入账，借记“应付工程款”科目。期间产生的记账本位币差异金额，通过借记本科目，贷记“应付工程款”科目进行核算。

合同折算汇兑损益，是指项目实施单位在向商务部申请结算美元价款时收到的购汇人民币限额，或者实际支付在受援国当地发生的外币费用，按照银行当时结算汇率实际支付的人民币金额与本项目内部合同中按照固定比价折算的人民币金额之间存在的差额。在需要核算这部分差额时，借记本科目，贷记“援助资金”科目。在对工程价款结算比价差异的处理后，项目财务决算报表中的总合同价应与内部合同签订的人民币总金额相等。

期末调整汇兑损益，是指在每年年末的期末汇率（一般按照中国人民银行在 12 月 31 日公布的人民币对外币中间价）与记账汇率不同而产生的汇兑损益。在核算这部分差额时，借记本科目，贷记需要外币核算的科目。

第111号科目：交付使用资产

1. 本科目核算项目实施单位已经完成购置、建造过程，并已交付给受援国当地管理单位的各项资产，包括固定资产、为生产准备的不够固定资产标准的工具、器具、家具等流动资产、无形资产和递延资产的实际成本等。项目实施单位用项目资金购建的在建设期间自用的固定资产，也通过本科目核算。

2. 项目完工后，必须按照有关规定编制竣工决算，办妥竣工验收和资产交接手续，才能作为交付使用资产入账。中方项目实施单位在办理竣工验收和资产交接工作以前，必须根据“技术合作”“培训”“附带物资”和“附带工程”等科目的明细记录，计算交付使用资产的实际成本，编制交付使用资产明细表等竣工决算附件，经交接双方签证后，其中一份由使用单位作为资产入账依据，另一份由中方项目实施单位作为本科目的记账依据。

3. 已经办理交接手续的交付使用资产，借记本科目，贷记“技术合作”“培训”“附带物资”和“附带工程”等科目。

4. 本科目应按“固定资产”“流动资产”“无形资产”和“递延资产”设置明细账。

第201号科目：固定资产

1. 本科目核算中方项目实施单位在建设过程中自用的各种固定资产原价。

2. 中方项目实施单位用援助资金购建的自用固定资产，应通过“技术合作”“培训”“附带物资”和“附带工程”等科目核算。购建完成交付受援国使用单位时，借记“交付使用资产”科目，贷记“技术合作”“培训”“附带物资”和“附带工程”等科目；同时，借记本科目，贷记“交付使用资产”科目。

3. 本科目应按固定资产的类别和名称进行明细核算。

第232号科目：银行存款

1. 本科目核算中方项目实施单位存入银行的项目援助资金。本科目按照银行账户的币种分设“人民币账户”“美元账户”和“当地货币账户”三个二级科目。

2. 中方项目实施单位收到拨付的援助资金时，借记本科目，贷记“援助资金”科目；提取和支出存款时，借记“现金”等有关科目，贷记本科目。

3. 中方项目实施单位应按照不同的币种分别设置“银行存款日记账”，由出纳人员根据收付款凭证，按照业务发生的顺序逐笔登记，每日终了结出余额。“银行存款日记账”应定期与“银行对账单”核对，至少每月核对一次。月份终了账面余额与银行对账单余额之间有差额的，必须逐笔查明原因进行处理，并应按月编制“银行存款余额调节表”调节相符。

第233号科目：现金

1. 本科目核算中方项目实施单位的库存现金。本科目按照库存现金的币种分设“人民币”“美元”和“当地货币”三个二级科目。

2. 中方项目实施单位应根据不同的币种分别设置“现金日记账”，由出纳人员根据收付款凭证，按照业务发生的顺序逐笔登记。每日终了，应计算当日的现金收入合计数、现金支出合计数和结余数，并将结余数与实际库存数核对，做到账款相符。

第241号科目：预付合同款

1. 本科目核算中方项目实施单位按照合同规定向承包商、供货商或咨询服务商预付的合同款。

2. 项目实施单位预付合同款时，借记本科目，贷记“银行存款”科目。

3. 按照合同条款与承包商结算货款时，应从应付合同款中扣回预付合同款，借记“应付合同款”科目，贷记本科目。

第242号科目：应收合同款

1. 本科目核算中方项目单位按照工程合同规定向施工单位应收付的合同款项。

2. 本科目按照单位、合同设置明细账进行核算。

第252号科目：其他应收款

1. 本科目核算项目实施单位除预付合同款、应收合同款以外的其他各种应收、暂付款项，包括：应收各种赔款、罚款、存出保证金、备用金等。

2. 本科目应按其他应收款的项目分类，并按内部单位和个人设置明细账。

第262号科目：拨出援助资金

1. 本科目核算中方项目实施单位拨付给在受援国当地的联合项目办的援助资金，主要指项目启动后拨付的项目周转金和按照受援国联合项目办资金回补申请向二级银行账户拨付的回补资金。本科目按照实际结算拨付的资金设置“拨出人民币”“拨出美元”“拨出当地货币”三个明细科目。

2. 中方项目实施单位在合并各级项目实施单位财务报表时，本科目需要和“援助资金”科目对冲。

3. 中方项目实施单位向在受援国当地的联合项目办拨付援助资金时，借记本科目，贷记“银行存款”等科目。

B.资金来源类科目

第 301 号科目：援助资金

1. 核算中方项目实施单位实际收到的商务部拨付的援助资金。

2. 本科目按照收到的币种，设置“人民币”“美元”和“当地货币”三个二级科目。

3. 收到拨入资金时，贷记本科目，借记“银行存款”科目。

4. 中方项目实施单位收到商务部拨付的购汇人民币限额时，也需要在本科目下的“美元”科目进行核算，同时使用美元进行辅助核算。

第 302 号科目：其他资金

1. 核算中方项目实施单位自筹的配套援助资金。

2. 本科目按照收到的币种，设置“人民币”“美元”和“当地货币”三个二级科目。

3. 收到拨入资金时，贷记本科目，借记“银行存款”科目。

第 331 号科目：应付合同款

1. 本科目核算项目实施单位按照合同的有关规定，与工程承包单位、供货商和咨询服务商办理价款结算，应付给承包单位的款项，借记“附带工程”科目，贷记本科目。

2. 实行全部工程竣工后一次结算办法的建设项目，项目实施单位应在工程全部竣工时，根据经审查的承包单位提出的《工程款支付申请书》结算应付的工程款，借记“附带工程”，贷记本科目。

3. 本科目应按工程承包单位进行明细核算或辅助核算。

第 352 号科目：其他应付款

1. 核算中方项目实施单位应付、暂收其他单位和个人的款项。

2. 发生各项应付、暂收款项，借记有关科目，贷记本科目；偿还、上交或转销各项应付、暂收款项，借记本科目，贷记有关科目。

3. 本科目应按内部单位和个人进行明细核算或辅助核算。

第 401 号科目：留成收入

1. 本科目核算中方项目实施单位取得索赔与违约金额，银行存款利息收入等作为留成收入。该科目贷方登记各种收益，借方登记实际拨出(使用)的款项，贷方余额表示尚存的留成收入。

2. 本科目按资金来源渠道设置明细账。

附件 3 东亚减贫示范合作技术援助项目采购管理办法

1.概述

1.1 目的

为了规范东亚减贫示范合作技术援助项目（以下简称“项目”）的采购管理工作，制订本办法。项目中在受援国境内的所有采购活动，须遵照本办法中的程序和要求进行实施。所有采购活动须接受中国国际扶贫中心检查。中国国际扶贫中心对本办法具有解释权。

1.2 采购原则

项目采购工作遵循公开、公平、公正的原则，采购过程要公开透明，应向所有合格投标人或合格的咨询顾问提供同样的信息和平等的竞争机会。土建工程和货物招标采用最低响应价中标的评标方法，咨询服务采购采用最高分中标的评审办法。项目招标单位应谨慎审查投标人的技术和财务资格，保证其具有履行合同的能力。

1.3 合格性

由联合项目办在受援国境内进行的采购，允许受援国当地的企业和在受援国当地有分支机构的中资企业进行投标。同时，土建工程的投标人需要满足受援国或中国对相关工程的资质要求且信誉良好。

1.4 语言

招标文件、询价采购文件和评标报告（包括修改和补遗）以英文文本为准；招标文件须对投标文件、报价文件、意向书、建议书和合同采用的语言进行规定。

1.5 对错误采购和欺诈、腐败的措施

未按本项目规定的采购程序进行的采购和发生的费用，中方项目实施单位将宣布为错误采购。

对于错误采购，本项目的处理措施是：中方项目实施单位不为该合同提供无偿援助资金或取消该部分无偿援助资金的额度。

对于腐败、欺诈、串通或施加压力等影响项目采购的活动，本项目的处理措施是：拒绝该授标建议；取消已分配给某个项目合同的无偿援助资金额；处罚公司或个人，包括宣布无限期或在规定的期限内失去资格被授予中方资助的项目合同。中方项目管理机构有权检查其与投标和履行合同有关的账户、记录和其他文件，并由中方指定的审计机构对其进行审计。

1.6 采购公告的发布

为了保证本项目采购工作公平、公开的原则，采购过程中招标公告要在指定的媒体进行发布。

（1）发布范围

土建工程和货物采购中所有使用国内竞争性招标（NCB），咨询服务采购中使用基于质量和费用的选择（QCBS）、基于资历选择（CQS）的采购项目，在指定的 1 家国家级媒体发布项目招标公告。询价采购（SP）原则上在 1 家县级以上媒体发布采购公告。微小合同或特殊采购等不需要公开发布采购公告的，需要事先在采购计划中注明，并得到中方项目实施单位的批准。

（2）发布媒体

需要在指定的报刊或网站上进行发布。

1.7 资格审查

为了保证所选择的承包人具有足够的能力承担相应的工程，招标单位可根据需要进行资格预审或资格后审。

（1）资格预审

对于大型或复杂的工程，或某些包含设计和施工的总承包工程等，通常需进行资格预审。资格预审应以潜在投标人具有充分履行合同能力和资源为

基础，应考虑它们的：(a) 经验和过去履行类似合同的情况；(b) 人员、设备、施工或制造设施方面的能力；及 (c) 财务状况。资格预审一经完成，招标文件就应提供给通过资格预审的潜在投标人。在授予合同时应对资格预审时提交的信息再加以核实，予以确认。如判定某投标人不具有满足履行合同的能力或资源时，可拒绝向其授予合同。

（2）资格后审

如果未对投标人进行资格预审，招标单位应确定提供最低响应价的投标人是否有能力和资源按其投标所报条件有效地履行合同。要求达到的标准应在招标文件中规定，如投标人未达到这些标准，其投标应被拒绝。在这种情况下，招标单位应对下一个提供次低响应价的投标人进行类似的审查。

1.8 采购计划

每年年底之前，中方项目实施单位和联合项目办一起研究确定下一年度的采购计划。联合项目办在中方项目实施单位的监督和指导下，按照采购计划开展在受援国当地实施的采购活动。联合项目办如果在实施过程中需要对采购计划进行修改，须报中方项目实施单位审查，中国国际扶贫中心审批，并获得不反对意见函后，才能按照新的采购计划实施。采购计划中所有合同编号都应该采用如下的规则进行编制。

合同编号：AB-X

其中：A 为国家编码，C 代表柬埔寨，L 代表老挝，M 代表缅甸。

B 为合同类别编码，W 代表工程，G 代表货物，C 代表咨询服务，T 代表培训，S 代表考察。

X 用阿拉伯数字按顺序编号。

2.土建工程和货物采购

2.1 国内竞争性招标（NCB）

单个合同金额超过 30 万美元的土建工程和超过 15 万美元的货物，采用国内竞争性招标（NCB）的方式采购。采购程序如下。

（1）编制招标文件

招标单位根据本项目的招标范本，按项目设计内容编制招标文件。招标文件中应注明对投标人的资格要求和评标方式。应要求所有被授予工程合同的投标人，提交足够额度的履约保证金，以在承包人违约情况下保护项目实施单位的利益。项目招标文件应规定履约保证金的金额和格式，并规定处理投诉官员的职务、官方地址和联系方式。

编写完成的项目招标文件，需要经过中方项目实施单位的审查并获得不反对意见。

（2）发布项目招标公告

国内竞争性招标（NCB）的招标公告须在指定的 1 家国家级媒体发布项目招标公告。从发布公告之日起，投标截止日期不能少于 30 天。

（3）发售项目招标文件

招标单位可以按照印刷成本价向满足条件的意向投标人发售项目招标文件，投标截止时间前的任何时间均应允许潜在投标人查看和购买项目招标文件。

（4）组织现场考察

根据潜在投标人的要求，对项目招标文件不足以充分描述工程施工区基本情况的工程，招标单位可以组织潜在投标人前往工程建设现场考察，必要时，也可以安排相关设计单位进行技术答疑，使投标人了解工程施工条件，以便准确地编制投标书。

（5）项目招标文件澄清、修改与补遗

根据潜在投标人的要求，可以在指定的时间和地点召开标前会议，由项目招标单位、设计单位负责对潜在投标人提出的问题给予解答或澄清，解答或澄清必须以书面形式（语言同招标文件）发送给所有的项目招标文件购买人。所有对项目招标文件的修改和澄清，需报中方项目实施单位审批。

（6）接收投标文件

项目招标单位在项目招标文件规定的时间、地点，接受投标人递交的投标文件，对投标文件进行外观检查，并填写投标记录。对超过规定时间的投标文件原封退回。

（7）组建评标委员会或评标小组

根据项目招标内容，招标单位按照本项目《采购管理办法》和当地有关规定，抽取或邀请相关专家，组建评标委员会或评标小组。任何与投标人有直接或间接评标利益关系者，不得作为评标人员。在评标前，由招标单位组织向评标专家说明评标原则。

（8）开标

项目招标单位按照项目招标文件中所规定的时间举行开标会，公开进行开标，允许但不强求投标人或其代表出席。开标时，由项目招标单位指派的会议主持人大声宣读并记录投标人名称、投标报价，以及如果要求或允许报备选方案时的备选方案总金额、有无投标保证金，并填写《开标记录》。在规定时间之后收到的投标书，以及没有在开标时拆封并宣读的投标文件，均不参与评标。

（9）评标

评标委员会 / 评标小组对项目投标文件进行实质响应性审查，如发现对项目招标文件中的条款、条件及技术要求，存在实质性偏离或保留，则不再进行进一步的评审。对通过实质性响应的投标文件进行价格审查，纠正任何计算上的错误，对可以量化的非实质性的偏离或保留进行调整（根据招标文件规定），并评选出符合项目招标文件要求的最低响应价的投标人，作为推荐中标人。胜出的投标人不应被强加于项目招标文件规定以外的责任或者被要求修改投标文件。招标单位联合评标委员会编写《评标报告》。评标报告要报中方项目实施单位审批，直至获得中方项目实施单位不反对意见函。此阶段工作在保密条件下进行，结果在授标前严格保密。

（10）发中标通知、未中标通知

在获得中方项目实施单位的不反对意见函后，项目招标单位应在 5 个工作日内，向中标人发出中标通知书，与中标人签订项目合同。在与中标人签订项目合同并收到中标人提交的履约保证金后，将中标结果及未中标通知发送至所有未中标的投标人，并退还其投标保证金（原则上在5个工作日内）。

（11）签订项目合同

在招标单位向中标人发送中标通知书后的10个工作日内，应和中标人签订合同。如果中标人在期限内拒不签约，则招标人有权没收投标人的投标保证金。中标人无正当理由不与招标人签订合同，给招标人造成损失的，中标人应当给予赔偿。

（12）合同归档，中标人履约

采购合同的签订标志着该项招标工作的结束。项目招标单位将结算招标活动有关费用，对招标资料进行整理、分类，由联合项目办进行归档保管。中标人根据合同约定，开始履行项目合同。

2.2 询价采购（SP）

单个项目合同金额不超过30万美元的土建工程和不超过15万美元的货物，可以通过询价的方式进行采购。询价采购（SP）程序如下。

（1）编制询价文件

项目招标单位应该根据拟采购的土建工程或货物内容，编制询价函。土建工程的询价书至少应包括以下基本内容：工程的技术规范、工程量、图纸（如果需要）、完工时间、付款方式等。货物采购的询价书、评审报告和项目合同至少应包括以下基本内容：货物的技术规格、货物的数量、交货的时间与地点、付款方式等。

（2）发布询价公告

项目招标单位需在1家县级以上的媒体公示采购信息，公告时间不少于14天。微小合同或特殊采购等不需要公开发布采购公告的，需要事先在采购计划中注明，并得到中方项目实施单位的批准。

（3）对征询的报价进行评审

在收到不少于3家的报价之后，联合项目办应组织有关人员和专家对报价文件进行评审，并评选出符合项目询价文件要求的最低响应价的供货商或承包商。联合项目办可对评选出的供货商或承包商进行资格审查。联合项目办同时编写评审报告。评审报告要报中方项目实施单位审批，直至获得中方项目实施单位不反对意见函。此阶段工作在保密条件下进行，结果在签订合同前严格保密。

（4）签订项目合同

在获得中方项目实施单位的不反对意见函后，项目招标单位应在 10 个工作日内与选定的供货商或承包商签订项目合同。选定的供货商或承包商无正当理由不与项目招标单位签订合同，给项目招标单位造成损失的，应当给予赔偿。

（5）合同归档和实施

采购合同的签订标志着该项采购工作的结束。项目招标单位将对采购资料进行整理、分类，由联合项目办进行归档保管。供货商或承包商根据合同约定，开始履行项目合同。

2.3 社区参与式采购

本项目中农户生计改善所涉及的牛、羊等牲畜采购，水稻、玉米等种子采购，农民合作社组织所需物资和小型工程等，因采购总量较小，且地域性要求和群众意愿依赖性很强，可采用社区参与式的采购方式，包括社区参与询价采购，社区参与自营和社区参与直接签订合同，由村级项目实施小组负责组织实施，联合项目办进行指导，受益农户参与。社区参与式采购由村级项目实施小组制订实施方案，在通过联合项目办审查后，由村级项目实施小组和联合项目办签署实施协议。参与式采购的项目验收工作将由联合项目办、技术专家和村级项目实施小组一起完成。

社区参与式采购的具体采购程序如下。

（1）村项目实施小组根据中方项目实施单位批准的项目实施计划，列出各村的采购清单，并在项目村中的告示牌进行公示。

（2）村项目实施小组在联合项目办的指导下，确定具体的社区参与采购方式：需要外购或外包的项目采用社区参与询价采购；村民自己有能力建设的采用社区参与自营；在本县或本省内只有 1 家有资格的供应商、承包商，或者重复订货或购买零备件或购买有专利专卖的产品，可以采用直接签订合同。社区参与的具体采购方式要获得联合项目办的批准。社区参与的询价范围应该在本县或本省，尽可能采用书面形式进行询价工作，分类发出询价文件和整理询价结果。原则上询价范围不少于 3 家，书面报价的时间不少于 5 天。对于简单商品或服务，如果时间紧迫，或报价人无书面报价能力，可以采用 2 个以上购买人共同走访 3 家以上报价人，或电话询价 3 家以上报价人的口头询价报价，但必须有询价、报价时间、地点、价格、数量、主要规格的书面记录和询价人的签字。

（3）村级项目实施小组召开村民会议，公布询价结果。50% 或以上的受益农户同意询价结果时，社区项目实施小组按询价结果进行采购，与认定的工程队或供货人签订采购协议，并督促其履行协议；若 50% 以上的受益农户不同意采购结果时，采购小组重新选择询价范围，重新询价。

（4）采购协议履行完毕时，村级项目实施小组印制采购项目验收单，包括项目名称、数量、单价、金额，由涉及的农户认可签名后，采购的工程或货物由农民经营使用。每次采购活动结束后须将采购结果在社区进行公告。

（5）村级项目实施小组将经村民签收的采购验收单上报联合项目办。联合项目办按照采购项目验收单到各村进行实地核对验收，通过后办理资金支付手续，同时将全部的采购资料归档。

3.咨询服务采购

3.1　基于资历选择程序（CQS）

可用于小型咨询任务，一般主要是针对公司或机构的选择，同时至少满足“三选一”的原则。

基于资历选择的采购程序，首先由联合项目办负责根据需要采购服务的内容、目的及要求，在中方技术专家的指导下编制咨询服务的任务大纲和评价标准，并报中方实施单位审查。

在获得中方项目实施单位的不反对意见函后，联合项目办应该在一家国家级媒体发布招标公告，并同时发布工作任务大纲（TOR），公告时间应不少于 14 天。在收到咨询公司投交的意向函后，按照评价标准，对各公司的经验和能力情况进行综合评价，列出短名单（不少于 3 家），将评价结果送中方项目实施单位审查。

获得中方项目实施单位的不反对意见函后，通知中选咨询公司编制合并的技术财务建议书，由联合项目办和有关专家组成的评审小组对该建议书进行评价，确认建议书合理后，将评审意见报中方项目实施单位审查。获得中方项目实施单位不反对意见函后，联合项目办与中选公司就合同实施细节谈判，达成一致后，按规定的合同格式授予合同。若谈判不能达成一致，联合项目办将未达成协议的原因及对准备选择的下一家咨询公司的评审结果报经中方项目实施单位，在获得不反对意见函后，选择下一家咨询公司。

3.2　个人咨询专家的选择程序

通常在以下类型的咨询任务中聘请个体咨询顾问。

（1）不需要一组或几组人员。

（2）不需要 (办公室) 外部额外的专业支持。

（3）个人的经验和资历是首要的要求。

联合项目办根据需要咨询专家解决的技术问题，在中方技术专家的指导下，编写需技术顾问解决的问题或提供咨询服务的工作任务大纲（TOR），详细描述咨询顾问的服务范围、咨询工作内容、服务时段、技术指标或要求等。个人咨询顾问的工作任务大纲（TOR）要在获得中方项目实施单位的不反对意见函后，才能开展下一步工作。

根据需要提供技术咨询的任务要求，向有相应资历的专家（不少于 3 人）递交工作任务大纲，征求其意向。

对有意向参与的专家，要求就工作任务大纲所述内容方面的相关工作经历、工作效果、主要成果、著作等资料，编写个人简历，并提交联合项目办。

联合项目办会同有关专家对提交的个人简历进行评价，选择最有能力的专家为最终聘请的咨询顾问，与中选专家谈判，并在获得中方项目实施单位的不反对意见函后签订咨询服务合同。

3.3 单一来源的选择(SSS)

使用单一来源的选择 (SSS) 方法选择咨询顾问将不能得到质量和费用方面的竞争所带来的好处。在选择过程中缺乏透明度，并且可能为一些不可接受的做法提供便利。因此，单一来源的选择 (SSS) 方法只可在例外的情况下使用，并且必须得到中方项目实施单位的批准。只有在单一来源的选择 (SSS) 方法表现出比竞争性选择具有明显优势时，单一来源的选择 (SSS) 方法才是适当的，主要适用于以下几种情况。

（1）这项工作是咨询公司以前承担工作的自然连续。

（2）非常小的咨询任务。

（3）只有一家咨询公司是合格的或具有特殊的价值和经验。

单一来源的选择程序，在选择理由和合同内容得到中方项目实施单位的批准后，可直接签订合同。

4.采购档案的保管

本项目中在受援国当地的采购档案原件由联合项目办统一保存和管理，以备查询和检查。

根据项目采购工作的程序要求，需要存档的内容包括：项目招标文件、投标文件、评标报告、合同文本、变更文件、采购相关会议纪要、投诉及处理文件。

除了纸质文件之外，还应该保留一套电子文档，并上传至 MIS 系统。

附件 4　东亚减贫示范合作技术援助项目项目管理实施细则

第一章　总则

1. 为了规范东亚减贫示范合作技术援助项目的管理流程，完善内部控制制度，根据本项目《项目管理手册》的要求，结合项目实施中的具体情况，特制订本项目的项目管理实施细则，用于援外项目工作组的管理工作。

2. 本实施细则主要适用于援外工作组及当地联合项目管理办公室在当地开展的项目活动。上述活动按照本细则中具体的管理流程进行实施。

3. 按照本项目实施协议和商务部有关规定，项目费用支出主要由以下几项内容组成。

（1）技术援助人员费，包括援外人员待遇费用、现场雇佣人员费用、中国技术人员管理费和人员其他费用等。

中国派出援外专家和技术人员的待遇应遵照中国财政部的有关援外出国人员待遇标准执行。当地劳工或专家和技术人员的工资和福利根据当地实际费用标准执行，应符合受援国有关法律法规的规定。

项目实施过程中可能发生的、援外人员待遇以外的与派遣组织现场人员有关的其他一切费用，包括但不限于国内工资、津贴、补贴、派遣动员费、保险费、国内外差旅费、签证费、人员管理费等，均作为人员其他费用进行核算。

（2）现场条件费，是指中国派遣的援外专家或技术人员在受援国当地所发生的住宿费（含房租、水、电、家具、电器等）、办公费（含房租、通讯、网络等）、交通费（含租车、燃油、保险等）、反恐措施费等，或者项目实施过程中可能发生的其他一切现场条件及管理费。

（3）培训费，是项目实施单位所组织的在受援国当地的培训或来华培训所发成的培训费、接待费、国际差旅费、培训资料费、毕业证书制作费、管理费、税费及其他相关支出，也包括组织项目研讨交流总结会所发生的费用支出。

邀请受援国相关人员来华培训发生的费用，相关标准应参照财政部《举办援外培训班费用开支标准和财务管理办法》（财行〔2008〕2号）的规定。

（4）附带物资，指项目实施单位发生的构成项目建设投资支出的各种设备的实际成本，包括车辆、办公设备和项目建设所需要的各种物资、设备和器具。

（5）附带工程费，是项目中建设建筑工程和安装工程所发生的工程直接费、临时设施费、勘察设计费、招标服务费、工程监理费和工程其他费用。

（6）宣传费，是指在宣传推广中国减贫经验时所发生的相关费用。

（7）项目管理和监测，包括中方项目实施单位的项目管理费、监测评价费、数据分析和整理费、中期调整和评估费、项目完工报告编制费等。

（8）协助管理费，在本项目中特指中国国际扶贫中心协助管理费。

（9）艰苦地区补贴调整费，是指根据《财政部关于调整援外出国人员艰苦地区补贴标准的通知》（财行〔2016〕12号），所应调增的中国派出援助专家和技术人员的补贴费用，该部分费用将在履行完相关手续后办理结算。

第二章　土建工程的验收和结算程序

1. 按照合同条款，需要支付合同预付款时，需要承包商首先提出支付申请，由联合项目办技术负责人员审核签字后，提交联合项目办副主任签字，最终由联合项目办中方主任签字后，交由出纳办理款项支付。

2. 在需要支付工程进度款或工程完工款项时，首先要由承包商按照“附表3：工程款支付申请书”的格式，填制申请书，提交联合项目办审查。

3. 联合项目办工程组组织村级项目实施小组一起对施工进度进行核实和验收，验收合格后，由村级项目实施小组组长和联合项目办工程组技术负责人签字后，联合项目管理办公室负责人审查；如有条件，尽量聘请监理机构进行现场监理和审核签字。如无条件聘请监理机构，需聘请工程技术人员对工程的情况进行监督，并签字审核。涉及的工程款支付、验收等必须经受援国相关人员签字确认。

4. 联合项目办副主任和中方主任分别在支付申请书上签字后，交由出纳办理银行支付手续。

5. 联合项目办工程组将支付申请书描述的工程量信息录入MIS系统中，并将支付申请书扫描上传。

6. 出纳人员根据审批完的支付申请书办理银行支付手续，并在MIS系统内该土建合同的窗口中输入支付和结汇数据，并将发票、银行回单等原始凭证扫描上传。

7. 本项目财务负责人通过MIS系统对境外工程人员和出纳上传的原始凭证进行审核，将原始凭证扫描件打印装订，并编制会计凭证进行记账。

8. 工程款的记账科目为“附带工程——某工程”。

第三章 物资采购合同的验收和结算程序

1. 按照合同条款，需要支付合同预付款时，需要供货商首先提出支付申请，由联合项目办技术负责人员审核签字后，提交联合项目办副主任签字，最终由联合项目办中方主任签字后，交由出纳办理款项支付。

2. 联合项目办自用的管理设备，收到后由联合项目办工程组进行验收，验收合格后，按照“附表4：货物验收单”的格式填制货物验收单，由供货商和验收人员签字后，提交联合项目办负责人审查。

3. 在收到通过社区参与式采购方式采购的物资后，由联合项目办工程组组织村级项目实施小组一起对物资进行验收，并分配给具体的农户，每个农户在“附表 5：社区参与式采购物资验收单”中签字确认，最终由村级项目实施小组组长和联合项目办工程组技术负责人签字后，交县级联合项目管理办公室负责人审查。

4. 联合项目办副主任和中方主任分别在货物验收单上签字后，交由出纳办理银行支付手续。

5. 联合项目办工程组将货物验收单信息录入 MIS 系统中，并将货物验收单扫描上传。

6. 出纳人员根据审批完的货物验收单办理银行支付手续，并在 MIS 系统内该货物合同的窗口中输入支付和结汇数据，并将发票、银行回单等原始凭证扫描上传。

7. 本项目财务负责人通过 MIS 系统对境外工程人员和出纳上传的原始凭证进行审核，将原始凭证扫描件打印装订，并编制会计凭证进行记账。

第四章　咨询服务合同的验收和结算程序

1. 按照合同条款，需要支付合同预付款时，需要咨询服务商首先提出支付申请，由联合项目办技术负责人员审核签字后，提交联合项目办副主任签字，最终由联合项目办中方主任签字后，交由出纳办理款项支付。

2. 在咨询服务商按照任务大纲的要求完成工作并提交具体成果后，由联合项目办技术人员组织对成果进行验收，验收合格后，按照“附表 6：咨询服务成果验收单”格式填制验收单，由咨询服务商和联合项目办技术负责人签字后，交联合项目办负责人审查。

3. 联合项目办副主任和中方主任分别在咨询服务成果验收单上签字后，

交由出纳按照合同条款办理银行支付手续。

4. 出纳人员根据审批完的咨询服务成果验收单办理银行支付手续，并在MIS系统内该咨询服务合同的窗口中输入支付和结汇数据，并将咨询服务成果验收单、发票、银行回单等原始凭证扫描上传。

5. 本项目财务负责人通过MIS系统对境外工程人员和出纳上传的原始凭证进行审核，将原始凭证扫描件打印装订，并编制会计凭证进行记账。

6. 根据项目现场条件的需要，项目需要聘用个人咨询专家进行技术指导时，应与专家签订相应的合同，并在合同中明确双方的权利和义务，明确专家的工作范围、工作时间和报酬等。支付咨询费时，需要附专家相应的工作报告以及联合项目办对其工作的确认。

7. 咨询费的记账科目为“技术合作——技术援助人员费”。

第五章　无法获取单据费用的现金支出和审查程序

1. 在实际工作中，对于一些必须发生而又无法获得发票的小额现金支出费用，需要根据本细则的要求，填制自制的无发票费用报销单，并按照一定的程序审查后，方可办理报销和支付。这些费用主要指一些临时发生的翻译费、工人劳务费、交通费、餐费、招待费、租车费等。

2. 翻译费、工人劳务费等支付给个人的劳务费，需要按照“附表7：劳务费支付单”的格式填制费用支出单，先由收款人、经办人签字，并交本级联合项目办负责人审查并签字同意后，方可交由出纳办理报销手续。发放现金的事项，需要接收方签名，签名需要黑色签字笔，不可以使用圆珠笔或者铅笔，并附相应的身份信息或联系方式。

3. 无法获取单据的临时交通费，需要按照“附表8：交通费报销单”的格式填制单据，然后须由经办人和至少一位证明人签字，并交联合项目办负责人审查并签字同意后，方可交由出纳办理报销手续。交通工具的乘坐应按工作人员的级别明确规定。出差人员应当填写出差审批单，列明出差人员、时间、事由、地点、交通工具等内容，审批单应经联合项目办负责人批准。出差结束，应及时办理报销手续，差旅费报销时，应有相应的工作内容对应。

4. 有关公务接待（餐费）和误餐补助

公务接待（餐费）：应明确公务接待的范围，公务接待必须有对应的受援国工作人员参加。接待费报账时，需要列明公务接待事由、参加人员名单等，公务接待应根据当地情况确定明确的标准。

误餐费的报账：工作人员在进行下乡工作时，由于距离比较远导致中午无法返回驻地就餐的，可以进行相应的报账。报账应规定就餐费用的人均标准和出差地的规定，对于受援国的工作人员，已经报销了误餐补助的，不能再领取下乡补助。误餐费的报账应有相应的工作内容对应。

接待费的记账科目为“管理费——接待费（或餐费）”。

误餐费的记账科目为“管理费——差旅费”。

5. 对于其他一些无法获取发票或收据的费用，需要由经办人按照“附表9：无单据费用报销单”填制单据，然后须由经办人和至少一位证明人签字，并交联合项目办负责人审查并签字同意后，方可交由出纳办理报销手续。

6. 出纳在办理这些无法获取单据费用的报销手续后，需要在现金日记账中进行登记，并按照项目管理费类别录入 MIS 系统，同时将相关审批单据扫描上传。

7. 本项目财务负责人通过 MIS 系统对境外出纳上传的无单据费用报销单进行审核，打印并编制会计凭证进行记账。

第六章　会议（培训）费的支出管理

1. 会议（培训）地点、费用标准按管理办法相关规定执行。

2. 会议（培训）费应提前做预算，预算经联合项目办批准，不得超预算支出；没有预算的，不得支出。会议（培训）费的预算包括：会议（培训）

费预算额、人数、天数、相应的会议（培训）内容。

3. 会议（培训）费用支出预算批准后，项目办人员方可预借款，待会议（培训）结束后再附参会人员签到表、会议（培训）结算清单，统一结算会议（培训）费支出。会议（培训）费的报账原始凭证包括：会议（培训）通知、签到表、费用支出证据、总结等。

4. 会议费和培训费应制定清晰的标准，会议（培训）的天数、餐费标准、住宿费标准都要有明确规定。

5. 培训费记账科目为“培训——某培训名称”，会议费记账科目为“管理费——会议费”。

第七章 短期专家费用管理

1. 短期专家的出差审批，需经各省扶贫办审核。短期专家每次派出应有专门的工作内容，并在报账中附短期专家的工作报告。

2. 短期专家费用记账科目为“技术合作——技术援助人员费用”，可以设三级科目将常驻专家和短期专家分开核算。

第八章 租车费的管理

1. 按月租车需要签订相应的租车合同，租车合同应约定清楚双方的权利和义务，明确车费的计算方法和支付方式，以及相应的司机费用、燃油费及保险费等由谁承担。

2. 按次租车需要与相应的工作内容对应。按次租车前，需经联合项目办主任审批通过，方可进行租车。租车活动完成，租车公司应提供“租车费用结算单”，结算单上要注明租车的车型、车牌号、行驶路线、行驶时间、行驶里程数、租车费用等。

3. 租车费的记账科目为“技术合作——现场条件费”。

第九章　专家物资采购

1. 专家物资，主要是为满足中方技术援助专家在受援国执行援助任务时的工作和生活需要而提供的交通车辆、办公设备、耐用消费品和一般消费品等物资，按固定资产和消耗品分别进行管理。

专家物资项下使用援款单独购置并按固定资产进行管理的交通车辆、办公设备以及耐用消费品的产权归受援方所有，在技术援助项目执行期间由中方专家使用和管理。

不得将个人物品（比如牙膏、毛巾、衣物等）列支在专家物资中。

2. 各级联合项目办根据需要购买价值在 5000 元人民币以下的专家物资时，可以通过市场询价的方式直接采购。采购时首先由经办人按照“附表 8：购买专家物资审批表”格式填制申请，并交由本级单位负责人审批同意后方可购买。出纳在按照审批表支付购买专家物资费用后，需要在 MIS 系统中按照“现场条件费”类别录入支出信息和币种，并扫描上传《购买专家物资审批表》、发票等原始单据。本项目财务负责人通过 MIS 系统对境外出纳上传的购买专家物资原始单据进行审核，打印并编制会计凭证进行记账。其中 1000 元以上价值的设备，均需要添置固定资产卡片进行登记，在项目竣工后统一移交给受援国。

3. 购买价值人民币 5000 元及以上的专家物资，需要按照本项目的《采购管理办法》，编制采购计划，按照规定的采购程序进行采购。

第十章　货币资金管理

1. 货币资金内容包括现金和银行存款两部分。现金和银行存款都分别包括人民币、美元和受援国当地货币三种。

2. 本项目配备专（兼）职出纳员，负责办理现金收支和保管、银行往来业务。

3. 现金管理

现金的使用范围：个人劳务报酬；出差人员的差旅费；结算起点人民币1000元以下的其他零星开支。

库存现金的管理：库存现金实行限额管理，开户行应根据实际需要，核定项目单位3~5天的日常零星开支所需的现金限额，如遇特殊情况可适当放宽，但限定时间不得超过15天。

出纳人员需要按照这三种货币分别登记现金日记账，做到日清月结；出纳人员应在MIS系统中按照“培训”“项目管理费”“现场条件费”等不同的类别录入现金支付明细，并通过MIS系统生成打印现金日记账。

4. 银行存款账户的管理

本项目联合项目管理办公室需要在受援国当地开设项目专用账户。本项目中所有合同款项都必须按照相应的手续从项目专用账户直接支付给合同服务商，不得再经过任何其他账户周转。

银行支票要妥善保管，建立使用登记制度。出纳人员签发支票应注明日期、用途、限额，不得签发空白支票和远期支票。遗失支票应立即向单位领导报告，并及时向银行办理挂失。

出纳人员应在MIS系统中按照不同的合同、费用类别录入银行账户费用支出，记录银行日记账，并定期核对银行存款余额。

第十一章 固定资产管理

1. 固定资产的定义

固定资产是指联合项目办为开展项目而购买的、使用期限超过一年、单位价值在1000元以上并且在使用过程中保持原有实物形态的资产。包括电脑、打印机、投影仪、照相机、办公家具、运输工具等。单位价值未达到标准，但耐用时间在一年以上的大批同种类的物资，如家具、办公设备等，也应作为固定资产管理。

2. 固定资产的权属

使用援助资金采购的办公用固定资产，在项目实施期间，由中方专家使用和管理，在项目结束后，移交给受援国或下一期技术援助项目组，并办理相应的移交手续。

3. 固定资产的入账

联合项目办购买办公用固定资产应按照《项目管理手册》规定进行采购。购入的固定资产由资产管理员验收、登记后，将相关合法凭证经经办人、验收人、联合项目办主任签字后送财务入账。办公用固定资产的记账科目为“附带物资——专家物资”。

联合项目办统一进行建设的土建部分和货物部分：土建工程竣工和货物安装完毕后，由资产管理员、联合项目办主任在工程竣工验收报告和货物验收单上签字确认，并经使用单位签字确认，方可办理入账。土建部分的固定资产记账科目为“附带工程”。

联合项目办对固定资产指定专人管理，并进行相应的台账管理，明确责任，对固定资产定期或不定期进行清查盘点，做到家底清楚，账、卡、物相符。

4. 固定资产的盘点

联合项目办资产和资产使用单位应在每年年度终了前进行一次全面的盘点清查，查明固定资产的实有数与账面数是否相符，固定资产的保管、使用、维修等情况是否正常。如有异常情况，必须及时查明原因，并上报上级主管部门处理。完成盘点后，需形成包括资产使用状况的盘点报告，经盘点人、项目办主任签字后上报上级主管部门。

5. 为了反映与掌握固定资产管理、使用、增减变动情况，每个独立的固定资产应在 MIS 系统中登记和录入固定资产卡片。固定资产卡片参考格式如下。

类别：固定资产卡片　　卡片编号：

编号		使用日期	年 月 日	变动情况记录
名称		生产厂家		
规格型号		出厂日期	年 月 日	
数量		保管人		
单价		存放地点		
购建日期	年 月 日	建卡日期	年 月 日	
备注				

主 管：　　　　制卡：

第十二章　其他

1. 每月月末，必须核对银行存款余额和账载银行存款余额是否一致，如果不一致，必须制作银行余额调节表。

因受援国的现金管理情况与国内不同，各联合项目办应明确备用金的金额，每日现金余额不得超过备用金金额，出纳必须做到日清月结。

本项目的会计核算以人民币为记账本位币，所有的会计凭证、账簿、报表用中文书写。涉及受援国币种的会计事项，必须同时用人民币和受援国币种两种货币平行核算，涉及美元币种的会计事项，必须同时用人民币和美元两种货币平行核算。

2. 会计人员要根据审核无误的原始凭证填制记账凭证，除了结账和更正错误的凭证可不附原始凭证外，记账凭证必须附有原始凭证。原始凭证要求真实合法、内容完整、书写清楚，不得任意涂抹、刮擦或挖补。

3. 每年年末将记账凭证打印，并与原始凭证装订成册；打印总账、明细账并装订成册。每月记账凭证装订的第一部分为各银行账户的对账单，如银行存款余额与账载银行存款余额不一致，需制作银行余额调节表。

本实施细则中其他未尽事宜，将由联合项目办按照本项目《项目管理手册》的基本原则和财务管理制度制定办法进行实施。

附件5　援柬埔寨减贫项目村级工程村实施小组实施方案

一、项目建设地点

项目建设地点位于干丹省莫穆坎普县谢提尔普洛斯村和斯瓦安普村。

二、建设规模

某项目建设规模 ××，其中分村建设规模 ××。

三、建设标准

（一）建设标准

根据项目村实际，详细描述项目建设的标准，如房屋建设、圈舍建设、种子种苗等。

（二）补助标准

×× 项目建设总投资，单位投资（如每户、每个、每头、每平方米等）施工合同总价不超过 ×× 美元。

四、实施程序

（一）确定实施对象

1.实施对象。根据确定的 ×× 项目建设规模，按照自愿原则，优先安排贫困户实施。

2.自愿申请。村项目实施小组召开村民会议进行宣传发动，由村民自愿向村项目实施小组提出实施该项目的申请。

3.村项目实施小组评定。对自愿申请的农户，村项目实施小组按照这些农户的实际情况进行评定后，形成 ×× 项目建设的农户名册，报乡政府审核。

（二）核实

乡政府组织人员逐户进行实地核实后，最终确定两个村 ×× 项目建设的农户名册，并在名册上签字盖章后，报送联合项目办。

（三）公示

实施 ×× 项目的农户名册最终确定后，需交由村项目实施小组，在村里显著位置张榜公示，村民如有异议，可向乡政府或直接向农发部农经司反映，由农经司负责协调处理。

（四）批准与采购

联合项目办审查批准后，与村项目实施小组签订项目实施协议。在联合项目办的指导下，由村项目实施小组通过社区参与式（CP）方式，分别采购施工单位，并进行施工合同谈判。

（五）合同谈判

村项目实施小组应与施工单位就具体的合同条款进行谈判，谈判重点如下。

（1）合同总价优惠及包干总价（不变价）。

（2）施工质量要求。

（3）施工期（全部完工时限）。

（4）质量监督：村项目实施小组有权派人对施工单位搬运到施工现场的材料以及施工质量进行检查监督，发现问题有权要求施工单位进行整改。

（5）违约处罚。

（六）合同签订

村项目实施小组与施工单位应根据合同谈判达成一致的条款，草拟合同。合同除上述条款外，还应包括以下条款。

（1）实施 ×× 项目建设的农户名册应作为合同的整体组成部分。

（2）合同草拟后，需报联合项目办审核同意，才能正式签订。

（3）鉴于村项目实施小组不具有法人资格的实际，合同由乡政府与施工单位签订。合同签订一式四份（送联合项目办 1 份、乡政府 1 份、村实施小组 1 份、施工单位 1 份），作为工程竣工验收的依据。

（4）合同支付：一律以银行转账方式，分三次付款（个别特殊项目如直采等另行商定）。第一次在合同签订之日首付合同总价款的 30%，作为启动资金；第二次在项目建设中期预付合同总价款的 40%；第三次在项目完工并经验收后支付剩余 30%（合同首付款视项目具体情况可另行商定）。

（5）拨款申请：合同首付款由施工单位填制《项目预付款申请单》，经联合项目办正副主任审签后拨款；工程施工达到分批次施工完毕后，由施工单位申请村项目实施小组及乡政府进行阶段验收，并填制《工程款支付证书》，由项目监督人、村实施小组（乡政府）审核签字后，向联合项目办提出拨款申请。

（七）工程竣工验收

项目工程实施完毕后，由乡政府向联合项目办提出验收申请，联合项目办组成有乡政府、村项目实施小组成员参加的竣工验收小组，按照施工要求、项目实施农户名册和合同要求，采取随机抽样办法，抽取项目实施总户数的 20% 进行验收，并填写竣工验收单，验收小组成员需在验收单上签字。

附件：

1. × × 项目建设（农户）花名册

2. × × 项目建设费用清单

3. × × 项目建设施工设计图

中柬联合项目管理办公室签署意见：

副主任：

主　任：

________年______月______日

附件 6　援老挝减贫项目生计项目管理办法

生计项目管理委员会管理办法

第一条：目的

统一管理本村生计项目开发，规范项目活动，打造项目村特色产业，帮助村民增收，实现可持续发展。

第二条：组织机构

（一）管理委员会由 5 名成员组成，设组长 1 名，副组长 1 名，成员 3 名。管理委员会成员不得与监督委员会和项目资金管理小组重叠。

（二）生计项目管理委员会由村民代表大会选举产生，任期三年。任期届满，经村民代表大会同意可以连任。

（三）如在任期届满前调整管理委员会成员，需经村民代表大会研究同意。

第三条：选举过程

（一）宣传发动。让全体村民充分了解生计项目的目的、意义和操作方法，以及管理委员会职责，激发村民参与生计项目的积极性和主动性，增强其主人翁意识。宣传发动由县级联合项目管理办公室指导项目村村委开展。

（二）宣传发动内容

1. 生计项目的目的、意义和操作方法。

2. 管理委员会的组建。如：成员资格、管理结构、权利和义务、选举方法等。

3. 管理委员会至少有 1 名妇女或贫困户代表。

4. 其他需要村民讨论的问题等。

（三）选举步骤

1. 召开村干部会。商讨组织发动工作步骤、时间和参加人员，准备宣传发动材料，确定宣传发动人员和每人负责联系的本村农户名单。宣传发动人员中须有妇女和贫困户代表。

2. 宣传发动人员对负责联系的农户进行宣传发动。宣讲后，至少给村民 2 天时间交流讨论。

3. 召开村民代表大会。按照宣传发动内容，向全体村民代表宣讲生计项目和管理委员会的目标、原则和要求。村民自愿报名候选管理委员会成员。全体村民代表投票选举，一人一票。现场公布选举结果。

4. 选举结果在项目村公示 10 天。期满未收到异议，由项目村将管理委员会成员名单报送县级联合项目管理办公室备案。

第四条：责任与义务

（一）全面管理各生计发展项目

1. 审批各生产小组的成立或撤销。

2. 审批各生产小组的项目活动计划和资金使用计划。

3. 指导与管理各生产小组的项目活动。

4. 组织发动村民参与各生计项目开发，形成长期稳定收入。

5. 帮助各生产小组拓宽市场销售渠道。

6. 帮助各生产小组联系开展国内外培训学习交流活动。

7. 组织监督管理委员会和项目资金管理小组协调解决项目问题。

8. 收集、整理、保管本村生计发展项目在项目申请、资金使用、采购、生产、管理、培训、市场推广、检查验收等各个环节的纸质和影像资料。

9. 配合项目管理单位对本村生计发展项目开展检查和审计。

10. 加强与各级政府机构的联系，积极引进国内外项目资金。

（二）管理项目资金

1. 按照《生计项目发展资金管理办法》，审批各生产小组成员的发展资金借款申请。

2. 审核项目资金管理小组提交的报表和报告。

3. 积极配合村委会利用好生计项目形成的村集体经济收入，安排好村公益事业。

4. 按照《生计项目财务管理办法》《生计项目发展资金管理办法》，协助项目资金管理小组开展其他资金管理工作。

（三）提升村民思想理念

1. 带动村民共同保护和发展美好的传统文化。

2. 增强村民对国内和国外的团结意识，构建命运共同体。

3. 引导村民适当利用大自然，避免开展过度影响社会或环境的生产活动。

第五条：生产小组成立或撤销审批程序

（一）生产小组成立审批程序

1. 拟成立的生产小组向管理委员会提交书面申请和相关资料，包括但不限于小组成员名单、组织机构安排、拟发展产业优劣势分析、项目活动计划、项目资金使用计划、投资效益分析、社会和环境保障措施等。

2. 管理委员会在监督委员会的监督下，按照《生计项目生产小组管理办法》对以上书面材料进行会议评议。评议结果在村内公示 10 天。半数以上成员同意，且在公示期间未收到异议的，管理委员会可批准成立该生产小组。

（二）生产小组撤销审批程序

1. 除因市场原因等客观情况必须撤销的，原则上不予批准生产小组撤销申请。

2. 以生产小组为单位，未偿清发展资金借款的，不得提交撤销申请。

3. 生产小组向管理委员会提交的书面撤销申请和说明材料，包括但不限于撤销原因、小组生产活动现状、项目资金使用状况、债务情况、债务清偿计划、小组成员情况等。

4. 管理委员会在监督委员会的监督下，对生产小组提交的书面材料进行会议评议，明确生产小组债务清理方案。

5. 评议结果和生产小组债务清理方案在村内公示 10 天。半数以上管理委员会成员同意，且在公示期间未收到异议的，管理委员会可批准撤销该生产小组，并向项目主管部门报送书面说明备案。

第六条：生产小组项目活动和资金使用计划审批程序

（一）每年 11 月底前，各生产小组将次年项目活动计划和资金使用计划报送管理委员会。新成立的生产小组可在提交书面申请时报送。

（二）管理委员会在监督委员会的监督下，对各小组提交的计划进行评议，明确资金来源。评议结果和资金来源在村内公示 10 天。

（三）半数以上成员同意，且在公示期间未收到异议的申请由外部项目资金支持的项目计划，由管理委员会在当年 12 月底前统一报送项目主管部门。项目主管部门批复意见在村内公告。管理委员会指导各生产小组按照项目主管部门批复意见使用项目资金，协调项目资金管理小组做好新增项目资金管理工作。

（四）半数以上管理委员会成员同意，且在公示期间未收到异议的由村集体资金支持的项目计划，由管理委员会向村委提出申请。经村委召开村民代表大会通过后，由管理委员会指导各生产小组按照公示内容执行，协调项目资金管理小组做好村集体资金的使用管理。

第七条：报告制度

每年 7 月底前将该年度上半年项目执行和资金使用情况报告（含项目资金管理和使用情况表、发展资金使用情况报表和借款质量表）报送县级联合项目管理办公室，每年 1 月底前将上一年度项目执行和资金使用情况总结（含项目资金管理和使用情况表、发展资金使用情况报表和借款质量表）报送县级联合项目管理办公室。

第八条：公示公告制度

每年 7 月底前将该年度上半年项目执行和资金使用情况在村委公告栏内公告。每年 1 月底前将上一年度项目执行和资金使用情况在村委公告栏内公告。

生计项目监督委员会管理办法

第一条：组织机构

（一）监督委员会由 5 人组成，设组长 1 名，副组长 1 名，成员 3 名。监督委员会成员不得与生计项目管理委员会、项目资金管理小组成员重叠。

（二）生计项目监督委员会成员由村民代表大会推选产生，任期三年，任期届满，经村民代表大会同意可以连任。

（三）如在任期届满前调整管理委员会成员，需经村民代表大会研究同意。

第二条：选举过程

（一）宣传发动。让全体村民充分了解生计项目的目的、意义和操作方法，以及监督委员会职责，激发村民参与生计项目的积极性和主动性，增强其主人翁意识。宣传发动由县级联合项目管理办公室指导项目村村委开展。

（二）宣传发动内容。

1. 生计项目的目的、意义和操作方法。

2. 监督委员会的组建。如：成员资格、管理结构、权利和义务、选举方法等。

3. 监督委员会至少有 1 名妇女或贫困户代表。

4. 其他需要村民讨论的问题等。

（三）选举步骤。

1. 召开村干部会。商讨组织发动工作步骤、时间和参加人员，准备宣传发动材料，确定宣传发动人员和每人负责联系的本村农户名单。宣传发动人员中须有妇女和贫困户代表。

2. 宣传发动人员对负责联系的农户进行宣传发动。宣讲后，至少给村民 2 天时间交流讨论。

3. 召开村民代表大会。按照宣传发动内容，向全体村民代表宣讲生计项目和监督委员会的目标、原则和要求。村民自愿报名候选监督委员会成员，全体村民代表投票选举，一人一票。现场公布选举结果。

4. 选举结果在项目村公示 10 天。期满未收到异议，由项目村将监督委员会成员名单报送县级联合项目管理办公室备案。

第三条：责任与义务

（一）对项目活动全程监督

1. 监督管理委员会执行《生计项目管理委员会管理办法》情况。

2. 监督项目宣传发动、规划制定、选举等准备工作。

3. 监督项目的组织管理及质量、进度。

4. 监督项目资金管理小组执行《生计项目财务管理办法》和《生计项目发展资金管理办法》情况。

5. 监督项目采购活动。

6. 监督项目公告、公示情况。

7. 受理项目投诉。

8. 每季度向项目主管部门提交监督情况报告，及时向指导部门反映情况，提出意见和建议。

（二）与管理委员会和项目资金管理小组协商解决项目问题。

第四条：投诉处理

（一）接到投诉后，应立即登记并完整记录投诉受理过程及处理结果。

（二）对投诉受理人要严格保密，禁止将投诉人信息告知被投诉人。

（三）原则上应在接到投诉后的 10 个工作日内完成对投诉的处理，将处理结果反馈给投诉人，并在项目村进行公告。

（四）投诉处理结果要及时以适当方式通知投诉人，维护投诉人对投诉处理结果的知情权。

（五）投诉受理情况应纳入每季度监督情况报告。

生计项目生产小组管理办法

第一条：组织机构

（一）生计项目管理委员会负责审批生产小组成立或撤销。

（二）生产小组成员为本村常住居民，一般情况下，不得少于 5 人。村民以户为单位，每户派 1 名代表加入生产小组，实行一人一票表决制。原则上，每户仅能加入 1 个生产小组。

（三）生产小组管理人员 5 名，包括组长 1 名，副组长 1 名，监督员 1 名，财务人员 1 名，档案管理人员 1 名，由生产小组全体成员选举产生，任期 3 年。

（四）生产小组成立初期，全体成员中贫困户占比不低于 30%。成立 1 周年，全体成员中贫困户占比不低于 50% 或本村贫困户比例。

第二条：组建过程

（一）宣传发动

让全体村民充分了解生计项目的目的、意义和操作方法，以及生产小组职责，激发村民参与生计项目的积极性和主动性，增强其主人翁意识。宣传发动由该生产小组发起人负责，项目村管理委员会指导。

（二）宣传发动内容

1. 生计项目的目的、意义和操作方法。

2. 生产小组的组建。如：成员资格、管理结构、权利和义务、选举方法等。

3. 生产小组管理人员至少有 1 名妇女或贫困户代表。

4. 其他需要村民讨论的问题等。

（三）选举步骤

1. 召开生产小组筹备会。商讨组织发动工作步骤、时间和参加人员，准备宣传发动材料，确定宣传发动人员和每人负责联系的本村农户名单。宣传发动人员中须有妇女和贫困户代表。

2. 宣传发动人员对负责联系的农户进行宣传发动。宣讲后，至少给村民 2 天时间交流讨论。

3. 召开生产小组全员大会。按照宣传发动内容，由生产小组发起人向全体有意向加入生产小组的成员宣讲生产小组的目标、原则、活动内容和要求。村民现场自愿报名加入生产小组和候选生产小组管理人员。全体生产小组成员投票选举管理人员，一人一票。现场公布选举结果。

4. 生产小组发起人将相关资料提交管理委员会审批。管理委员会审批同意，且在项目村公示 10 天后无异议的，正式成立该生产小组。管理委员会将该生产小组情况报送县级联合项目管理办公室备案。

第三条：组长的职责和义务

（一）统筹管理生产小组全体组员日常生产活动，协调各项工作，开拓市场，推进产业发展升级，帮助组员增收。

（二）组织召开本生产小组全体成员会议，全组三分之二以上成员通过，可同意成员入组或退出。成员调整后 3 日内，向本村生计项目管理委员会书面报备。

（三）制定本生产小组项目活动计划和资金使用计划，提交本村生计项目管理委员会审批。

（四）审查本生产小组的资金管理使用情况。

（五）在监督员的监督下，按照《生计项目发展资金管理办法》，组织召开本生产小组全体成员会议，审议本生产小组成员的发展资金申请。

（六）组织召开本生产小组全体成员会议，审议由本生产小组成员出资形成的小组共有资产再分配方案。

（七）培养本生产小组技术人员，协助解决组员生产活动中的技术问题。

（八）每年 7 月 15 日前将该年度上半年项目执行和资金使用情况报告报送本村生计项目管理委员会和监督委员会，每年 1 月 15 日前将上一年度项目执行和资金使用情况总结报送本村生计项目管理委员会和监督委员会。

（九）积极与本村生计项目管理委员会、监督委员会、项目资金管理小组汇报和交流，根据生计项目管理委员会的指导意见，做好生产小组管理工作。

第四条：副组长的职责和义务

（一）配合组长做好生产小组各项管理工作。组长外出时，代行组长职责和义务。

（二）宣传发动本生产小组成员按照本管理办法和项目计划实施好项目。

（三）负责本生产小组产品营销和市场开拓。

第五条：监督员的职责和义务

本着公平、公正的原则，监督组长、副组长、财务人员、档案管理人员和其他小组成员履行职责和义务的情况。

第六条：财务人员的职责和义务

（一）负责收取和管理本生产小组成员缴纳的产品统一营销管理费。制定收费标准和支出方案，提交本生产小组全体成员会议审议通过后执行。产品营销管理费只能用于本小组产品统一营销的费用。

（二）负责管理本生产小组成员出资形成的小组共有资产。根据生产小组组长意见，制定小组共有资产分配方案，提交生产小组全体成员会议审议通过后执行。

（三）每月向生产小组组长、副组长、监督员书面报告本组资产管理使用情况，每季度在全体组员会议上通报本组资产管理使用情况。

（四）协助项目资金管理小组催收本生产小组的发展资金借款。

第七条：档案管理人员的职责和义务

（一）收集、整理、保管本生产小组在项目申请、资金使用、采购、生产、管理、培训、市场推广、检查验收等各个环节的纸质和影像资料。

（二）每年底将该年度生产小组档案资料提交一套至管理委员会存档。

第八条：生产小组成员的职责和义务

（一）严格遵守本村生计项目的各项管理规章制度，接受各项监督。

（二）自觉服从本生产小组的领导和指导，团结互助，共同实施好本生产小组项目活动。

（三）积极认真实施好自身参与发展的项目，努力实现增收目标。

（四）执行本生产小组全体会议通过的决定。自觉缴纳参与统一营销的产品营销管理费。管理费金额由生产小组全体会议讨论决定。

（五）积极提出实施好本小组项目的建议和意见。

（六）为生产小组其他成员发展资金借款提供担保。本生产小组成员不能按期偿还发展资金借款和占用费时，其他成员代为偿还。

（七）生产小组成员退组自愿，退组前需归还生产小组共有物资，还清所有发展资金借款，且同组其他成员没有逾期发展资金借款，方可申请退出。

生计项目财务管理办法

第一条：管理范围

（一）中国援老挝减贫示范项目生计项目资金，包括发展资金。

（二）生计项目资金投资形成的资产（以下简称项目资产）。

（三）生计项目在运行过程中，收取的集体资产使用费、管理费，以及项目资金投资分红等项目资产收益。

第二条：管理机构

（一）项目资金管理小组在管理委员会领导下，全面负责生计项目财务管理工作。根据资金管理情况，及时向管理委员会和生产小组提出项目活动优化建议。

（二）项目资金管理小组由村民代表大会选举产生，任期 3 年。任期届满，经村民代表大会同意可以连任。项目资金管理小组由 5 名成员组成，设组长 1 名，项目资金会计 1 名、出纳 1 名，发展资金会计 1 名、出纳 1 名。项目资金管理小组成员不得与管理委员会、监督委员会成员重叠。

第三条：管理职责

（一）组长全面负责项目资金管理小组工作，严格按照项目主管部门批复的项目内容，以及相关管理办法要求，监管和使用项目资金。

（二）项目资金会计全面负责本村生计项目资金、项目资产及收益的管理工作，按照有关法规和财务制度及本管理办法要求，及时进行记账工作，编制财务报表；收集、整理、装订财务凭证资料，管理财务档案，接受财务审计和监督；每个月与出纳核对银行账、现金日记账，做好账账相符；每月定期把财务原始凭证扫描件报县级联合项目管理办公室，县级联合项目管理办公室将费用支出及凭证上传录入到 MIS 系统；定期向管理委员会和监督委员会报送项目资金管理和使用情况表和相关报告，及时反馈项目资金使用和核算中出现的重大问题。

（三）项目资金出纳全面负责办理除发展资金以外的项目资金现金收付、保管与银行结算业务，根据合法、合规的财务手续及时办理现金和银行收支业务；负责使用银行财务票据，办理其领用和注销手续；对所开票据按时登账，及时进行现金日记账和银行存款日记账的记账工作；每月与项目资金会计和发展资金出纳对账，做到手续齐备、日清月结，账表相符、账实相符；每月底进行项目资金现金盘点，盘点表须经组长和项目资金出纳签字确认；严禁公款私用。

（四）发展资金会计负责发展资金管理工作，按照《生计项目发展资金管理办法》，办理借款和回收手续；建立和登记借款台账，计算应收回的借款和占用费；定期报送发展资金使用情况表和借款质量表；定期公告发展资金使用情况；每月与出纳核对银行账、现金日记账，做到账账相符；接受财务审计和监督；及时向管理委员会和监督委员会反馈发展资金使用和核算中出现的重大问题。

（五）发展资金出纳负责办理发展资金借款和回收、保管及银行结算业务，根据合法、合规的财务手续及时办理现金和银行收支业务；对所开票据按时登账，及时进行现金日记账和银行存款日记账的记账工作；定期与发展资金会计、项目资金会计对账，做到手续齐备、日清月结，账表相符、账实相符、账账相符；每月底进行发展资金现金盘点，盘点表须经组长和发展资金出纳签字确认；负责发展资金借款的催收，做到上账不清则下账不借，严禁公款私用。

第四条：选举过程

（一）宣传发动

让全体村民充分了解生计项目的目的、意义和操作方法，以及项目资金管理小组职责，激发村民参与生计项目的积极性和主动性，增强其主人翁意识。宣传发动由县级联合项目管理办公室指导项目村村委开展。

（二）宣传发动内容

1. 生计项目的目的、意义和操作方法。

2. 项目资金管理小组的组建。如：成员资格、管理结构、权利和义务、选举方法等。

3. 项目资金管理小组至少有 1 名妇女。

4. 其他需要村民讨论的问题等。

（三）选举步骤

1. 召开村干部会。商讨组织发动工作步骤、时间和参加人员，准备宣传发动材料，确定宣传发动人员和每人负责联系的本村农户名单。宣传发动人员中须有妇女和贫困户代表。

2. 宣传发动人员对负责联系的农户进行宣传发动。宣讲后，至少给村民 2 天时间交流讨论。

3. 召开村民代表大会。按照宣传发动内容，向全体村民代表宣讲生计项目和项目资金管理小组的目标、原则和要求。村民自愿报名候选项目资金管理小组，全体村民代表投票选举，一人一票。现场公布选举结果。

4. 选举结果在项目村公示 10 天。期满未收到异议，由项目村将项目资金管理小组成员名单报送县级联合项目管理办公室备案。

第五条：资金管理

（一）各项目村设立生计项目银行专户，对生计项目资金进行专账管理。县级联合项目管理办公室与项目村签订生计项目实施协议，明确双方责任义务后，将生计项目资金转入项目村生计项目银行专户。

（二）项目资金管理小组每季度向管理委员会和监督委员会提交项目资金管理和使用情况表，每年 7 月 15 日前向管理委员会和监督委员会提交本年度上半年项目资金管理和使用情况报告，每年 1 月 15 日前向管理委员会和监督委员会提交上一年度项目资金管理和使用情况总结。

（三）项目资金管理小组每季度向村民公告项目资金运行情况和财务状况，接受群众监督。

（四）接受项目主管部门的检查和审计。

第六条：采购程序

（一）管理委员会和各生产小组按照项目主管部门批复的采购内容和方式，在监督委员会监督下，在县级联合项目管理办公室的指导下开展采购活动。

（二）针对每项具体采购计划，成立采购小组，组员包括管理委员会 1 人、监督委员会 1 人、项目资金管理小组 1 人、生产小组 2 人。

（三）预算 100，000，000 老挝基普以内的采购活动，在县级联合项目管理办公室的指导下，采购小组在项目村公告采购内容不少于 5 天，走访 3 家以上报价人，形成书面询价记录，包括询价、报价时间、地点、价格、数量、主要规格、采购小组成员签字。

（四）预算 100，000，000 老挝基普以上（含）的采购活动，在县级联合项目管理办公室的指导下，采购小组在县级媒体和项目村公告采购内容不少于 5 天，收集 3 家以上报价人提供的书面报价。牲畜类采购项目，采购小组需实地核查供应商生产基地。

（五）在县级联合项目管理办公室的指导下，管理委员会组织监督委员会、项目资金管理小组、相应生产小组全体成员召开评议会议，由采购小组

公布询价 / 报价结果和实地核查情况。50% 以上参会人员同意，管理委员会或其授权代表可与供应商签订合同。

（六）采购小组负责验收货物或工程。入户项目需受益村民签收。

（七）生产小组向管理委员会和项目资金管理小组提交采购过程书面资料、会议纪要、合同、凭证、验收签收证明、书面拨款申请等材料。项目资金管理小组审核通过后，向承包商或供货商付款。

（八）在项目村公告采购和分配结果。

（九）除必须支付给农户个人的特殊情况外，资金拨付原则上不采取现金支付方式进行结算。办理现金支出业务时，要仔细核对报销的原始凭证，无误后办理现金支付，严禁“白条”抵库。

第七条：项目资产管理

（一）负责对项目资产登记造册，统一管理。

（二）监督各生产小组使用和维护项目资产的情况。协助管理委员会审批项目资产使用申请，对不爱护项目资产的生产小组或成员，有权利否决申请。

（三）负责收取和管理各生产小组在使用项目资产时缴纳的租赁费、管理费等。

（四）协助管理委员会审批生产小组提出的维修或重置项目资产申请。

（五）负责统一清理报废的项目资产，所得收益按照项目资产收益管理。

第八条：项目资产收益管理

（一）项目资产收益可用于管理委员会、监督委员会、项目资金管理小组补助等运营费用，项目资金投资的固定资产的维修费用，以及村集体经济。

（二）项目运营费和固定资产维修费用提取标准由项目资金管理小组起草，经管理委员会审核通过后，提交村民代表大会讨论，讨论通过后在本村公示 10 天。公示期满未收到异议，遵照执行。

（三）扣除运营费和维修费后的项目资产收益，作为村集体经济收入提交村委会。管理委员会和项目资金管理小组协助村委会制定分配方案，经村民代表大会讨论通过后，配合村委会执行。

第九条：印鉴管理

各种专用印章由项目资金管理小组保管，采用“专人使用、专人保管、专人负责”的办法管理。银行预留印鉴和支付款项的全部印鉴严禁同一人保管。

第十条：现金管理

（一）提取现金须经项目资金管理小组组长同意并签字。

（二）每次回收的现金，应在当天或次日存入专用账户。

（三）提取现金须由出纳和至少 1 名监督委员会成员一起完成。

（四）库存现金不超过 500，000 老挝基普。

第十一条：银行存款管理

（一）按照当地有关规定办理存款、取款和结算，严禁签发空头支票。

（二）管理委员会和监督委员会应当每月检查银行账户使用情况，核对银行对账单。

附件 7　援老挝减贫项目基础设施后续管理办法

第一条：目的

维护、管理和有效永久使用老挝项目各种基础设施项目，并与其他东盟国家交流学习项目经验。

第二条：管理委员会和选拔方式

村委会成立工程项目后续管理委员会，由 5 人组成负责项目后续管理监督检查工作。同时，每个项目要有 3 位专人负责（如果两个项目由同一个主管部门负责，则由相同的专人负责管理这两个项目）。

1. 工程管理委员会的组成

管理委员会，包括组长、副组长和 3 位成员。

项目管理小组，包括组长、副组长和 1 位成员。

2. 选拔方式

召开选举会议，管理委员会成员从最少 7 名候选人中选 5 人，每个项目的管理小组从最少 5 名候选人中选 3 人。

收到参加选举的人员名单后，召开全村选举会议，参加人数要超过全村人数的一半。选举结果必须获得 80% 以上参会人员同意。

第三条：责任和义务

1. 管理委员会的责任

带领指导每个项目管理小组按照县政府发的通知和规定实施宣传，使村民了解和正确执行管理要求。

成立工程使用、管理和维护基金，由管理委员会兼任基金委员会。

指导和管理每个项目管理小组的行动。

指导每个项目管理小组用心和主动监督、推动、承担维护工作。

审批每个阶段的管理和维护计划。

负责管理基金。

2. 项目管理小组的责任

主动监督、推动并分工给每个单元轮流做维护工作。

主动按照县政府发的通知和规定实施宣传，使村民了解和正确执行管理要求。

主动制定每个阶段的维修计划，如果损坏严重要向管理委员会汇报，再向县主管单位及时汇报。

主动并带动村民参与管理、维护和维修损坏物品，根据自己的能力尽可能维修。

第四条：成立基金会和使用管理办法

本基金成立是为了用于基础设施项目的维护管理，不作为贷款基金使用。

由村委会和管理委员会商量制定成立基金的各种条款。

第五条：基础设施项目后续管理办法

1. 版索村桥梁项目

交由县公共工程与运输局管养，项目管理小组和村级交通小组对接商量关于教育引导村民管护桥梁的事宜，并管理和监督其使用，汇报给管理委员会和村委会，由管理委员会和村委会跟县交通局商定过桥车辆的限重（如果违反规定罚款 10 万基普 / 次）。

项目管理小组分工给村每个单元打扫桥梁周边卫生，以一个星期为周期，各单元轮流。

2. 村内道路项目

交由县公共工程与运输局养护。项目管理小组和村级交通小组负责监督和检查村内道路，如果发生道路损坏如冲垮、路断，要及时向管理委员会和村委汇报找出解决办法；如果不能解决，管理委员会和村委员会要向县公共工程与运输局汇报找出解决办法。

管理委员会、村委会以及县公共工程与运输局一起商定承载限重，禁止带铁链的车辆经过（如果违反规定罚款 10 万基普 / 次）。

项目管理小组主动和带动村民在路边种植树木、花草，减少水冲坏道路的风险，保护环境。

项目管理小组分工给村每个单元参与监督（2 天 / 户），维护道路卫生干净，清洁水沟里的垃圾，维护路边的树木、花草等。

3. 万象市桑通县版索村自来水项目

交由县交通局管养。项目管理小组监督检查用水情况，汇报给管理委员会和村委会，由管理委员会和村委会与县自来水单位对接，确保水质，确保每天有足够的自来水用于饮用和做饭。

水费要根据老挝自来水公司规定收费，贫困户付半价。

依据管理委员会和村委会的指导带领，项目管理小组应主动给村民做思想培训工作，要懂得维护自来水零件，如：水管破坏等每家每户要自己负责维修。

4. 琅勃拉邦市象龙村饮水工程（1000 基普 /m^3）

交由象龙村管护。项目管理小组分工给村内各单元，轮流清洁水源、水池和其他建筑物，保证整年有水用。

项目管理小组按照自来水公司收费标准来收取水费，贫困户付半价。

项目管理小组要负责监督用水情况，要规定每月的某一天总结用水记录（记录员要按月严格做记录）。

在管理委员会和村委会的指导带领下，项目管理小组负责给村民培训教育，宣传各种规定，特别是节约用水和维护方面。

5. 活动中心项目

依据管理委员会和村委会商量决定，交给村妇女联合会和村青年团负责维护和制定详细责任分配计划。

在管理委员会和村委会的指导带领下，项目管理小组负责带领村民在建筑物周边种树、种花、建围栏和种草，以及组织村民每家每户提供椅子给村活动中心。

村委会和管理委员会制定活动中心出租服务费、举行活动费等费用标准，增加村集体收入，并使用这些费用进行维护和维修。

每两年一次检查损伤程度，然后由项目管理小组提出维修计划，向管理委员会申请维修金，用活动中心项目的资金收入进行维修。

6. 卫生所项目

交由县卫生局管护。项目管理小组和村卫生所一起负责具体实施管理、维护和维修周边受损坏的部分，每 2 年大检查一次。

7. 学校师生宿舍和厕所篮球场项目

交由县教育局管理。项目管理小组和学校校长一起负责组织管理实施、维护和维修周边受损坏的部分，每 2 年大检查一次。

8. 太阳能路灯项目

项目管理小组要分配责任给每家每户维护，教育引导村民爱护相关设施，如果有损坏要及时汇报管理委员会并向县级相关部门报告申请维修。

如果发现有人破坏路灯，要马上向管理委员会汇报，并对破坏者实施罚款罚款（事项由管理委员会讨论制定）。

维修费使用基金会的资金。

第六条：报告制度

每月 25 日，各项目管理小组向管理委员会汇报总结。

每月 28 日，管理委员会向村委会汇报，研究解决各种问题。

附件 8 完工验收所需的项目资料清单

项目名称			
序号	文件名称	提供情况	备 注
1 . 项目实施情况			
1.1	政府间协议		
1.2	对外实施协议		
1.3	项目合同（包括与商务部之间的委托合同、援助期间对外签订的合同）		
1.4	项目实施方案		
1.5	项目工作记录		
1.6	工作简报		
1.7	专题报告		
1.8	项目总结		
1.9	项目的其他技术总结报告（如培训、专题等）		
2. 技术援助人员组成、资质及在岗情况			
2.1	技术援助人员组成情况		
2.2	技术援助人员的专业资质证件		
2.3	技术援助人员考勤记录、劳动合同（若出现人员更换、缺岗、离岗情况，请说明原因）		
3. 廉政履约情况			
3.1	廉政协议		
3.2	服务合同及支付记录（对于要求技术组提供设施或服务的）		
4. 分包情况			
4.1	分包单位资质及内部评定资料		
4.2	分包合同		

续表

项目名称			
序号	文件名称	提供情况	备注
5. 援外项目资金			
5.1	援外项目资金的银行账户及流水		
5.2	技术组财务管理和执行情况		
5.3	援外项目资金财务预算、结算、明细		
5.4	援外项目资金会计报表		
5.5	对外结算账单记录		
5.6	商务部及有关部门的财务监督检查记录、绩效评价		
6. 不可预见费的审核和认定（如有）			
6.1	工程变更单		
6.2	变更项目计量、计价的审批文件		
7. 对受援方技术人员的培训情况			
7.1	培训计划		
7.2	培训资料		
7.3	培训记录（经技术人员书面确认）		
7.4	培训成果及考核记录		
7.5	培训总结		
8. 对项目下人力资源开发、智力支持、技术服务和转让、管理合作的实物工作量、智力成果和援助效果			
8.1	智力成果的工作方案		
8.2	智力成果系统整理的书面资料		
9. 技术物资和零配件的管理情况			
9.1	技术物资和零配件的清单		
9.2	技术物资和零配件供应合同		
9.3	技术物资和零配件管理方案		
9.4	技术物资和零配件验收、出入库管理记录		
10. 专家物资			
10.1	资产购置清单（包括固定资产、消耗品）		
10.2	资产的出售、清理、报废情况（若有，请提供书面证明）		
10.3	资产处置移交计划和时间表		

续表

项目名称			
序号	文件名称	提供情况	备 注
11. 其他资料			
11.1	技术援助专家组与受援方来往工作函件		
11.2	经商处对技术援助专家的服务质量和效果出具的履职评估意见		
11.3	技术援助专家组认为需提供的其他资料		

技术组组长（签字）：　　　　日期：

验收组组长（签字）：　　　　日期：

注：1. 项目实施单位在"验收所需的项目资料清单"中填写提供情况，如：已提供、部分提供、未提供、不涉及。

2. 对于部分提供或未提供的，请技术组在备注中说明原因。

附件 9　相关政策文件

政策名称	发布单位	网址链接
对外援助管理办法	国家国际发展合作署	http://www.cidca.gov.cn/2021-08/31/c_1211351312.htm
对外技术援助项目管理办法（征求意见稿）	国家国际发展合作署	http://www.cidca.gov.cn/2020-10/29/c_1210863585.htm
对外援助成套和技术援助项目宣传工作手册	商务部国际经济合作事务局	http://www.aieco.org/article/zwgk/zdwj/jfw/201809/20180902782121.shtml
援外项目检查验收工作手册	商务部国际经济合作事务局	http://www.aieco.org/article/zwgk/zdwj/jfw/201705/20170502570194.shtml
对外援助标识使用管理办法	国家国际发展合作署	http://www.cidca.gov.cn/2019-10/31/c_1210334645.htm

附件 10 东亚减贫示范合作技术援助项目大事记

东亚减贫示范合作技术援助项目大事记

一、可研立项阶段

（一）可研前期准备阶段

2014 年 12 月 31 日下午，为落实李克强总理在第 17 次东盟与中日韩（10+3）领导人会议上提出的“东亚减贫合作倡议”相关工作，国务院扶贫办副主任郑文凯同志主持召开外交部、财政部、商务部和国务院扶贫办相关司局和单位的负责同志参加的协调会议，研究协调推进相关工作。会议就中国国际扶贫中心编制的“开展东亚乡村减贫推进计划规划建议”进行讨论，并根据会议的意见进行了修改。修改后的规划得到商务部同意。

2015 年 3 月 9 ~ 17 日，商务部、国务院扶贫办、中国国际扶贫中心组团赴柬埔寨、老挝和缅甸进行工作访问。访问期间，分别与三国负责接受外援和扶贫工作的主管部门进行了工作会谈，就将减贫纳入上述三国接受援助领域和中方提出的规划内容进行了磋商。三国有关部门对与中国开展减贫合作表示欢迎，就我方提出的规划内容表示同意。在此基础上，中外方分别签订了工作会谈纪要。

2015 年 3 月 27 日，商务部援外司来函《关于编制东盟减贫示范合作援助项目可行性研究实施方案的通知》，正式委托中国国际扶贫中心开展项目可行性研究前期准备工作。

2015年4月10日，中国国际扶贫中心起草了可行性研究调研工作方案，提交商务部援外司。

2015年6月6日，中国国际扶贫中心在京召开行前准备会议。会议进一步明确了可研工作任务，熟悉了商务部工作要求，讨论了实地调研工作方式和相关问题。

（二）可研现场工作阶段

中国国际扶贫中心分别委托广西外资扶贫项目管理中心、中国扶贫基金会、云南外资扶贫项目管理中心开展对老挝、柬埔寨和缅甸的可研调研。7～8月间，各工作组分别开展了两个阶段的现场考察。简要情况如下。

1. 老挝调研组

2015年7月7日至7月21日，8月4～15日，老挝组分两次赴实地开展调研，老方合作单位为老挝国家农村发展与减贫委员会。

2. 柬埔寨调研组

2015年6月28日至7月12日，7月26日至8月6日，柬埔寨调研组赴实地开展考察，柬方合作单位为柬埔寨农村发展部。

3. 缅甸调研组

2015年7月10日至24日，8月8日至18日，缅甸调研组赴实地考察。缅方合作单位为缅甸畜牧水产与农村发展部。

在结束现场工作后，中国国际扶贫中心组织可研调研组、咨询专家组对实地调研阶段获得的材料进行了深入、充分的讨论，并对可研成果文件进行了专门的编写工作。

2015年10月15日，中国国际扶贫中心正式报送可行性研究成果文件。

（三）立项阶段

2016年初，立项的国内审批部分批准完毕。

国外方面：2016年1月7日，我驻老挝大使关华兵向老挝副总理、老中合作委员会主席宋沙瓦·凌沙瓦阁下致函，中、老两国政府完成换文；2016年2月23日，我驻柬埔寨大使布建国向柬埔寨财经部大臣安蓬莫尼拉阁下致函，中、柬两国政府完成换文；2016年2月8日，我驻缅甸大使洪亮向缅甸畜牧水产与农村发展部副部长吴丁韦阁下致函，中、缅两国政府完成换文。

至此，项目正式立项，转交商务部国际经济合作事务局负责项目管理、执行单位招标等工作。

二、对内招标、对外磋商协议阶段

2016年4月19日，商务部国际经济合作事务局召开项目预研会。中国国际扶贫中心作为东亚乡村减贫合作示范项目的可研单位，介绍该项目的基本情况。

2016年8月，在充分研究讨论的基础上，商务部国际经济合作事务局开始对中方执行单位进行采购。

2016年10月完成了项目的内部招标程序。经竞争性磋商后选定的中方项目实施单位为：四川省扶贫和移民工作局项目中心负责柬埔寨项目；广西外资扶贫项目管理中心负责老挝项目；云南省国际扶贫与发展中心负责缅甸项目。

同时中国国际扶贫中心做出承诺，承担部分监管、对外协调、管理和评估工作。

2016年10月22～31日，根据商务部国际经济合作事务局要求，经国务院扶贫办批准，中国国际扶贫中心派出工作组赴柬埔寨、老挝、缅甸，与中方实施单位项目人员一同就双边减贫示范合作项目实施协议分别与三国项目主管部门进行磋商谈判。磋商期间，各国对口部门均对开展本项目表达了高度共识，但各国对项目具体执行方式也提出了自己的看法和要求。经谈判，中外方对协议形成初步共识。

三、项目启动实施阶段

2016年12月7日，东亚减贫项目启动会于老挝万象召开。启动会由中国商务部、中国国务院扶贫办与老挝国家农村发展与减贫委员会共同主办，中国商务部国际经济合作事务局、中国国际扶贫中心、老挝国家农村发展与减贫委员会计划与国际合作司共同承办。来自老挝外交部、老挝农村发展与消除贫困委员会、中老合作委员会、老挝项目所在地区相关机构、柬埔寨农村发展部、缅甸农业、畜牧和灌溉部、中国驻老挝大使馆、中国商务部、中国国务院扶贫办、中国国际扶贫中心、中国驻东盟使团、中国四川、广西、云南扶贫部门，以及中外媒体共 70 余名代表参加了启动会。

2017 年 2 月,《援柬埔寨减贫示范合作项目实施协议》在金边签署。

2017 年 3 月，中国国际扶贫中心主持编制了《东亚减贫示范合作技术援助项目项目管理手册 [试行版]》(以下简称《管理手册》)。发中方项目执行单位并报商务部国际经济合作事务局备案。

2017 年 3 月 14 日，国务院扶贫办综合司印发国开办司发〔2017〕4 号文《国务院扶贫办综合司关于加强东亚减贫示范合作技术援助项目管理的通知》，要求各有关扶贫办 / 局高度重视，抓好落实；加强指导，提供支持；主动协调，及时汇报。随后，3 月 21 日，中国国际扶贫中心向三家执行单位发出了《中国国际扶贫中心关于东亚减贫示范合作技术援助项目实施管理有关事项的通知》，进一步细化工作要求。

2017 年 4 月 12 ~ 15 日，中国国际扶贫中心在成都面向项目中方执行单位有关人员进行了项目管理、援外章程、外事纪律等业务的培训。

2017 年 5 月 4 日，商务部国际经济合作事务局召集召开了项目实施推进会议。会议由该局曾花城副局长主持，中国国际扶贫中心、项目执行单位有关负责人和项目人员参加。会上，各执行单位简要汇报了项目进展，围绕当前工作难点开展务实讨论。

2017 年 6 月 14 日,《援老挝减贫示范合作项目实施协议》在万象签署。

2017 年 7 月 30 日，柬埔寨项目中方执行单位四川省扶贫和移民工作局项目中心派出第一批 4 名常驻专家赴柬。柬埔寨项目正式开始实施。中国国际扶贫中心派员随同参与工作。

2017 年 8 月，中国国际扶贫中心修订了《管理手册》，并编制了《东亚减贫示范合作技术援助项目项目管理实施细则》(以下简称《管理细则》)。

2017 年 8 月 14 ~ 20 日，中国国际扶贫中心在北京举办了“东亚减贫示范合作技术援助项目外方人员管理培训班”，邀请老挝、缅甸、柬埔寨项目人员来华进行培训。

2017 年 9 月 30 日，老挝项目中方执行单位广西外资扶贫项目管理中心派出第一批 3 名常驻专家赴老。老挝项目正式开始实施。10 月，广西外资扶贫项目管理中心和老挝国家农村发展和减贫委员会分别发文成立中国—老挝联合项目管理机构和县级联合项目管理机构。老挝国家农村发展和减贫委员会文件中同时明确了省级项目系统协调小组、村级项目实施小组和监督小组人员名单和职责。

2017 年 11 月，应项目推进工作需要，中国国际扶贫中心再次修订了《管理手册》、《管理细则》。

2017 年 11 月 19 日，在王毅部长的见证下，缅甸项目对外实施协议在内比都签署。

四、项目全面推进阶段

2017 年 11 月 29 日 ~ 12 月 9 日，中国国际扶贫中心对三国项目进行第一次检查。

2018 年 1 月 23 日，缅甸项目中方执行单位云南省国际扶贫与发展中心派出第一批 5 名常驻专家赴缅甸。

2018 年 3 月 20 日，项目第一次实施推进会在云南昆明召开。商务部国际经济合作事务局、中国国际扶贫中心、三个国别项目中方实施单位负责同志、联合项目办公室驻外负责人和项目管理咨询专家与会。

2018 年 3 月 28 日，基于昆明项目实施推进会有关情况，中国国际扶贫中心谭卫平副主任拜会商务部国际经济合作事务局沟通情况，形成了会议纪要，以明晰共识，更规范地指导和管理项目实施。

2018 年 5 月 23 日 ~ 6 月 2 日中国国际扶贫中心对三国项目进行第二次检查。首次组织三个国别项目实施单位之间进行实地交流。

2018 年 6 月 29 日 ~ 7 月 3 日，国务院扶贫办陈志刚副主任对缅甸项目进行了考察和指导。

2018 年 7 月 27 日，为解决项目中方实施单位集中反映突出的问题，中国国际扶贫中心左常升主任带队赴商务部国际经济合作事务局进行会谈。

2018 年 9 月 11 ~ 12 日，中国国际扶贫中心在成都组织召开第二次实施推进会。会议听取项目实施单位的工作情况汇报，讨论修订了项目管理手册，并邀请附带工程管理公司、项目管理咨询公司、农村饮水专家就项目相关问题进行了讲解和答疑。此外，会议还就项目宣传问题听取了中国国际电视台（CGTN）和广西电视台关于纪录片《充满希望的村庄》拍摄情况的报告，并就下一步节目摄制和项目宣传工作计划进行了讨论与交流。

2018 年 12 月 2 ~ 14 日，中国国际扶贫中心对三国项目进行第三次检查。重点聚焦财务和档案管理。同时举办澜湄合作减贫联合工作组会议暨东亚减贫合作倡议研讨会。

2019 年 3 月 19 日，项目第三次推进会在广西南宁召开。来自商务部国际经济合作事务局、三省实施单位、项目咨询、审价核算公司的有关负责同志和代表与会。

2019 年 6 月 12 ~ 22 日，项目进行第四次检查。重点检查项目工程建设情况、生计活动推进情况，以及整改情况。

2019 年 6 月 27 日下午，在第十二届中国—东盟减贫论坛期间，项目召开第四次实施推进会。柬埔寨、老挝、缅甸三国参与东盟论坛的代表与会。会议交流了项目进展，并于会后讨论项目宣传工作。

2019 年 9 月 4 ~ 8 日，中国国际扶贫中心派出以谭卫平副主任为团长的工作组赴柬埔寨，参加了乡村饮水工程开工仪式并拜会柬埔寨农村发展部乌 · 拉本部长。谭主任介绍了项目进展，并与柬方就项目推进中的难点问题，及下一步深化合作事宜进行了深入探讨。

2019 年 9 月 21 日，商务部国际经济合作事务局曾花城副局长一行到老挝万象市桑通县版索村检查项目进展情况。

2019 年 9 月 25 日，国家国际发展合作署邓波清副署长一行到老挝琅勃拉邦市象龙村调研老挝项目进展情况。

2019 年 8 月，就项目资金拨付方式事宜，项目实施单位、中国国际扶贫中心、商务部国际经济合作事务局与商务部有关司局进行了多次沟通。11

月，经合局与各实施单位签署内部实施补充合同，解决了困扰项目实施单位的资金拨付问题。

2019年11月26日，刘俊文副主任在合作处有关同志陪同下赴商务部国际经济合作事务局拜会曾花城副局长及东盟处有关同志，并就东亚减贫项目及进一步做好国际减贫援助工作等事宜进行了会谈。

2019年12月5日，中国国际扶贫中心在北京召开项目2019年度工作总结暨第五次项目推进会。来自商务部国际经济合作事务局、中国国际扶贫中心、有关省份扶贫办、项目实施单位、管理公司和咨询机构的代表出席会议。

2020年2月7日，时任老挝总理通伦·西苏里到桑通县版索村走访调研项目建设情况，并在项目援建的版索村活动中心召开村民代表大会，强调，版索村民众要弘扬勤奋刻苦精神，借助中国援助，不断学习、提升能力，改善生计，让家庭过上自给自足的生活。

2020年4月30日下午，中国国际扶贫中心以网络视频会议形式召开了项目第六次推进会。来自国务院扶贫办综合司、商务部国际经济合作事务局、广西、云南、四川三省扶贫办及项目实施单位广西外资扶贫项目管理中心、云南省国际扶贫与发展中心、四川省扶贫开发局项目中心、柬埔寨和老挝常驻专家组和咨询机构的40多名代表参加会议。会议交流了项目实施进展情况，研究了项目存在的问题和困难，提出了高质量统筹推进项目实施的思路和举措。

2020年7月1日，柬埔寨项目实施单位就项目初步延期至2020年12月31日报送有关申请材料。

2020年7月15日，老挝项目实施单位就项目初步延期至2020年12月31日报送有关申请材料。

2020年9月15日，老挝工贸部部长、老中合作委员会主席肯玛尼·朋色纳和老挝农林部副部长坎本纳·塞亚农一行赴万象市桑通县版索村考察项目建设情况。

2020年9月18日，柬埔寨项目提交项目验收申请。经中国国际扶贫中心、驻外经商参处审核，报商务部国际经济合作事务局。

2020 年 7 月缅甸项目申请将项目延期至 2021 年 6 月。

2020 年 7 月 31 日上午，中国国际扶贫中心以网络视频会议形式召开了项目第七次推进会。来自商务部国际经济合作事务局、柬埔寨，老挝，缅甸项目中方实施单位和咨询机构的 30 多名代表参加会议。刘俊文主任出席会议并作总结发言。会上各方交流了工作进展情况，就有关问题进行了讨论，并明确了下一步的工作重点。

2020 年 10 月 10 日，中国国际扶贫中心就柬埔寨项目验收准备工作召开会议。

2020 年 11 月 4 日上午，谭卫平副主任带队赴四川省成都市，参加商务部国际经济合作事务局召开的项目成果总结和经验分享会，并在下午召开了项目第八次推进会。

2020 年 11 月 30 日，柬埔寨项目完成实施任务，开始接受为期约一周的验收。验收单位为中铁建设。

2020 年 12 月 3 日，柬埔寨项目通过验收。

2020 年 12 月，老挝项目完成实施任务。

2021 年 1 月，柬埔寨项目完成政府间移交。

2021 年 2 月，老挝项目接受商务部国际经济合作事务局整体验收。验收单位为北京住总集团有限责任公司。

2021 年 3 月 24 日，缅甸项目专家组回国。

2021 年 4 月，老挝项目完成验收整改工作，向商务部国际经济合作事务局和中国国际扶贫中心报送整改工作情况。

2021 年 5 月，老挝项目通过验收。

2021 年 7 月，缅甸项目接受商务部国际经济合作事务局整体验收。第一阶段验收单位为中交第三航务工程有限公司。

2021 年 7 月，老挝项目完成中方项目实施单位和老方项目执行单位间移交。

附表1 采购计划模板

合同编号	合同内容（需要注明工程规模和设备规格、数量）	项目所在村	采购方式	合同币种	合同估算金额（万元）		计划签约日期	预计工期（月）	采购单位
					合同币种金额	折合人民币金额			
	1. 工程								
	2. 货物								
	3. 咨询服务								

附表 2　培训考察计划模板

费用编号	培训考察内容	地点	时间	参加人数	费用预算（万元人民币）	备注

附表 3 工程款支付申请书

第[期数]期计量支付

Contract No. 合同编号：[合同编号]
Contract Name 合同名称：[合同名称]
Contractor 承包商：[承包商名称]
Contract Currency 合同币种： Report Date 报告日期：[日期]

No. 编号	Item Description for Quantities 工程量单项描述		Contract Value 合同金额	Accumulative Investment as of This Period 截至本期累计完成投资	Accumulative Investment as of Last Period 上期累计完成投资	Investment of This Period 本期完成投资
			A	B	C	D=B-C
1						
2						
3						
Total 合计						
Amount Deducted 扣除费用	Advance 工程预付款					
	Retention Money 保留金					
	Liquidated Damages 违约赔偿					
	Others 其他					
Total for Amount Deducted 扣除金额合计						

续表

<table>
<tr><td rowspan="2">No.
编号</td><td>Item Description for Quantities
工程量单项描述</td><td>Contract Value
合同金额</td><td>Accumulative Investment as of This Period 截至本期累计完成投资</td><td>Accumulative Investment as of Last Period 上期累计完成投资</td><td>Investment of This Period
本期完成投资</td></tr>
<tr><td></td><td>A</td><td>B</td><td>C</td><td>D=B−C</td></tr>
<tr><td colspan="6">Total Amount to be Paid 应支付总金额：</td></tr>
<tr><td colspan="2">Contractor 承包商名称 (Seal 盖章)：
Project Manager 项目经理 (Signature 签字)：

Date(日期)：</td><td colspan="2">Director of Supervision Company 监理公司负责人签字 (Signature 签字)：

Date(日期)</td><td colspan="2">Director of Village-Level Implementation Team 村级项目实施小组组长 (Signature 签字)：

Date(日期)：</td></tr>
<tr><td colspan="6">JPMO’s Review Comments 联合项目办审查意见 (Seal 盖章)</td></tr>
<tr><td colspan="3">联合项目办副主任签字：Signature of the Deputy Director of the JPMO:

日期：Date:</td><td colspan="3">联合项目办主任签字：Signature of the Director of the JPMO:

日期：Date:</td></tr>
</table>

注：本表一式四份，施工单位、村级项目实施小组、监理公司、联合项目办各执一份。

附表4 货物验收单

合同编号 Contract Number:
合同名称 Name of Contract:
供货商（签字盖章）Supplier（signature and seal）:

序号 Order Number	货物名称 Description of Goods	规格 Specifications	单位 Unit	单价 Unit Price	数量 Quantity	金额 Sum of Money	备注 Notes
	合计 Summary						

验收意见
Acceptance Opinion

联合项目办副主任签字 Signature of the Deputy Director of the JPMO: 日期 Date:	联合项目办主任签字 Signature of the Director of the JPMO: 日期 Date:

附表 5　社区参与式采购物资验收单

合同编号 Contract Number:
合同名称 Name of Contract:
供货商（签字盖章）Supplier（signature and seal）:

<table>
<tr><th>序号
Order
Number</th><th>物资名称
Description of
Goods and
Materials</th><th>规格
Specifications</th><th>单位
Unit</th><th>单价
Unit
Price</th><th>数量
Quantity</th><th>金额
Sum of
Money</th><th>接受物资农户姓名
Recipient（Farmer）</th><th>农户签字
Signature of
the Recipient</th><th>备注
Notes</th></tr>
<tr><td></td><td></td><td></td><td></td><td></td><td></td><td></td><td></td><td></td><td></td></tr>
<tr><td></td><td></td><td></td><td></td><td></td><td></td><td></td><td></td><td></td><td></td></tr>
<tr><td></td><td></td><td></td><td></td><td></td><td></td><td></td><td></td><td></td><td></td></tr>
<tr><td></td><td></td><td></td><td></td><td></td><td></td><td></td><td></td><td></td><td></td></tr>
<tr><td></td><td colspan="5">合计</td><td></td><td colspan="3"></td></tr>
<tr><td colspan="10">验收意见 Acceptance Opinion</td></tr>
<tr><td colspan="5">村级项目实施小组组长签字 Signature of the Director of Village-Level Implementation Team:

日期 Date:</td><td colspan="5">联合项目办社区参与负责人签字 Signature of the Technical Director of the JPMO:

日期：Date:</td></tr>
<tr><td colspan="5">联合项目办副主任签字 Signature of the Deputy Director of the JPMO:

日期 Date:</td><td colspan="5">联合项目办主任签字 Signature of the Director of the JPMO:

日期 Date:</td></tr>
</table>

附表 6 东亚减贫合作示范项目提款申请书

申请书编号：

<table>
<tr><td colspan="5">提 款 申 请 内 容</td></tr>
<tr><td>类别编号内容</td><td>币种</td><td>本期申请金额</td><td>累计申请金额</td><td>截止上期已支付金额</td></tr>
<tr><td>1. 专家人员费</td><td></td><td></td><td></td><td></td></tr>
<tr><td>2. 现场条件费</td><td></td><td></td><td></td><td></td></tr>
<tr><td>3. 宣传费</td><td></td><td></td><td></td><td></td></tr>
<tr><td>4. 培训费</td><td></td><td></td><td></td><td></td></tr>
<tr><td>5 附带工程</td><td></td><td></td><td></td><td></td></tr>
<tr><td>6. 附带物资</td><td></td><td></td><td></td><td></td></tr>
<tr><td>7. 项目管理与监测</td><td></td><td></td><td></td><td></td></tr>
<tr><td>8. 协助管理费</td><td></td><td></td><td></td><td></td></tr>
<tr><td>9. 补贴调增费</td><td></td><td></td><td></td><td></td></tr>
<tr><td>合 计</td><td></td><td></td><td></td><td></td></tr>
<tr><td>付款指令</td><td colspan="4">1. 请将上述款项汇至：
收 款 人：
开户银行：
账 号：
附 言：</td></tr>
</table>

致： （单位名称）：

按照项目委托协议的内容，本期已完成支付 元人民币，申请资金回补，同时附上本期申请支付的费用报表，请审核。

申请单位：
授权签人：
日期：

中方项目经理签字： 日期：

备注

附表 7 费用报表（SOE）

类别名称：
Category Name

日期 Date：
提款申请书编号 Application No：
费用报表序号 SOE Sheet No.：

1	2	3	4	5	6	7	8	9
序号 Item No.	合同编号 / 费用编号 Contract No.	工程、货物或劳务摘要 Brief Description of Works，Goods or Services	合同币种 Currency	合同总金额 Total Amount of Contract	累计已支付金额 Cumulative Amount Paid to Date	本期申请报账金额 Currency and Total Amount by Application	从二级账户实际支付人民币金额 RMB Equivalent Amount Charged to Second Designated Account	承包商 / 供应商 / 咨询专家名称及国别 Name and Country of Contractor / Supplier/ Consultants
						合计：		

注：每个费用类别使用一张单独的费用报表。

授权签字人：________________

附表 8 咨询服务成果验收单

合同编号 Contract Number：
合同名称 Contract Description： 币种 Currency:
咨询服务商（签字盖章）Consulting Service Provider (Signature and seal) 日期 Date:

本次提交成果内容 Outcome of This Submission			
按照合同条款本次应支付金额 Amount Payable according to the Contract		币种 Currency	
联合项目办副主任签字 Signature of Deputy Director of the JPMO	日期 Date		
联合项目办主任签字 Signature of the Director of the JPMO	日期 Date		

附表 9　劳务费用支付单

日期	费用种类	费用说明	花费及币种	备注
Date	Expense Category	Details	Cost&Currency	Notes
Total Amount(金额总计):				

Receiver（Signature）收款人（签字） Date 日期	Agent（Signature）经办人（签字） Date 日期
联合项目办副主任签字 Signature of the Deputy Director of the JPMO 日期 Date	联合项目办主任签字 Signature of the Director of the JPMO 日期 Date

附表10 交通费报销单

日期	目的意图	交通工具	出发地	到达地	花费及币种	备注
Date	Purpose	Means of Transport	From	To	Cost&Currency	Notes
Total Amount(金额总计):						

Agent（Signature）经办人（签字） Date 日期：	Reference（Signature）证明人（签字） Date 日期：
联合项目办副主任签字 Signature of the Deputy Director of the JPMO 日期 Date	联合项目办主任签字：Signature of the Director of the JPMO 日期 Date

附表 11　无单据费用报销单

日期	费用种类	费用说明	花费及币种	备注
Date	Expense Category	Details	Cost&Currency	Notes
Total Amount(金额总计):				

Agent（signature）经办人(签字) Date 日期	Reference(signature）证明人(签字) Date 日期
联合项目办副主任签字：Signature of the Deputy Director of the JPMO 日期 Date	联合项目办主任签字：Signature of the Director of the JPMO 日期 Date

附表 12 购买专家物资审批表

（限 5000 元人民币以下专家物资采购）

<table>
<tr><td>序号
Order Number</td><td>名称
Item</td><td>品牌规格
Brand and Specification</td><td>单位
Unit</td><td>数量
Quantity</td><td>单价
Unit Price</td><td>金额
Sum of Money</td><td>备注
Notes</td></tr>
<tr><td>1</td><td></td><td></td><td></td><td></td><td></td><td></td><td></td></tr>
<tr><td>2</td><td></td><td></td><td></td><td></td><td></td><td></td><td></td></tr>
<tr><td>3</td><td></td><td></td><td></td><td></td><td></td><td></td><td></td></tr>
<tr><td colspan="2">请购原因 Reasons of Purchase</td><td colspan="6"></td></tr>
<tr><td colspan="2">申报人签字
Signature of Applicant</td><td colspan="2"></td><td colspan="2">申报部门负责人
Director of the Declaration Department</td><td colspan="2"></td></tr>
<tr><td rowspan="2">审
批
Approval</td><td colspan="3">联合项目办副主任（审核）:
Deputy Director of the JPMO</td><td colspan="4">联合项目办主任（审核）:
Director of the JPMO</td></tr>
<tr><td colspan="3"></td><td colspan="4"></td></tr>
</table>